Günther Kunstmann

Apostelgeschichte 29

Zeichen und Wunder -
sie geschehen doch noch!

Ein Motivations- und Tatsachenbuch

Günther Kunstmann

Apostelgeschichte 29

Zeichen und Wunder - sie geschehen doch noch!

Die abenteuerliche Reise in Gottes Dimension

Berichte vom Wirken Jesu heute

Ein Motivations- und Tatsachenbuch

Bibliografische Information der Deutschen Nationalbibliothek:
Die Deutsche Nationalbibliothek verzeichnet diese Publikation in der
Deutschen Nationalbibliografie; detaillierte bibliografische Daten
sind im Internet über http://dnb.dnb.de abrufbar

Die Bibelzitate sind, wenn nicht anders angegeben,
der Luther Übersetzung 1984 entnommen.
Fettdruck oder Anmerkungen in Klammern
ist eine Hervorhebung des Autors.

© 2015 Günther Kunstmann, Bamberg / Germany

Titelfoto: © Günther Kunstmann

Herausgeber: Andra Kunstmann, Bamberg/Germany

Herstellung und Verlag: BOD - Books on Demand
Norderstedt

ISBN: 9783738636468

Widmung

Dieses Buch widme ich den drei Personen, die mein Leben mit Jesus am nachhaltigsten geprägt haben:
Meinen Eltern und meiner Frau Andra!

Meine Eltern
haben mir eine bewahrte und glückliche Kindheit gegeben und mich früh mit Jesus und den Dingen des Glaubens bekannt gemacht. Durch sie habe ich Jesus und das Wort Gottes lieben und schätzen gelernt.

Sie haben mich immer wieder ermutigt, den Weg mit Jesus weiterzugehen. Weiter zu glauben, auch wenn ich manches noch nicht verstand oder umzusetzen wußte.

Ihr eigenes Leben wurde mir Vorbild in so vielen Dingen. Sie haben in all meinen Kinder- und Jugendjahren versucht, eine Segensspur und ein gesundes Bewußtsein in mein Leben zu legen, daß Jesus mich liebt, ER immer für mich da ist und mein Leben eine Bedeutung und eine Berufung hat.
Dieses Bewußtsein zeigte sich bereits in einem frühen Schulaufsatz, den ich mit den Worten abschloß:
„Aus Gnade bin ich was ich bin"

Es ist so ein großes Geschenk Gottes, Euch als Eltern zu haben. Vielen Dank für alles, was Ihr in mein Leben hinein investiert habt.
Danke für alle Gebete, Ratschläge, Begleitung, Warnungen und Tränen um mich und wegen mir.

Der Herr Jesus, unser gemeinsamer Heiland, segne Euch mächtig und schenke Euch noch viele glückliche Jahre. Euer Lohn im Himmel wird groß sein.

Vielen Dank, ich liebe Euch!

Andra
die Liebe meines Lebens!

Gott hat uns zusammengebracht, damit wir gemeinsam durchs Leben gehen, aneinander und mit IHM wachsen. Zusammen den Glauben in nie gekannten Dimensionen entdecken, Gott und Menschen dienen und viele für Jesus gewinnen und entzünden.

Danke für Deine Geduld und Unterstützung, wenn ich Dinge nicht begriff, nicht wahrhaben wollte oder vorpreschte.
Für Deine Gebete, die mich in meinem Polizeidienst, Leben und geistlichen Dienst begleitet haben.
Danke für nunmehr 34 Jahre unserer Ehe mit zunehmender Liebe und Freude miteinander.

Danke für die gemeinsamen Reisen und Abenteuer mit Jesus, ich weiß, es war nicht immer einfach mit mir und für Dich.

Du bist eine wundervolle Frau; stark, direkt, visionär und glaubensstärkend.

Danke für die Ermutigung und Unterstützung bei diesem, meinem ersten Buch. Ich habe den leisen Verdacht, daß es nicht das Letzte sein wird.

Mein Schatz – ich liebe Dich von ganzem Herzen!

Vorwort

In diesem Buch erzähle ich aus meinem Leben. Einem ganz normalen Leben.
Es ist keine theologische Studie oder klassisches Lehrbuch, sondern ein persönliches Zeugnis.
Dafür stehe ich, weil ich es so erlebt und erfahren habe.

Ich erzähle, wie Gott es geschafft hat, mich zu einem aktiven Co-Worker an seiner Seite zu machen.
Welche Hindernisse und Blockaden es gab, aber auch wie mehr und mehr Siege zum Vorschein kamen.

Wie ich persönlich Heilung erlebte und meine Frau und ich hineinkamen, weltweit für Menschen zu beten, mit erstaunlichen Ergebnissen.

Heute erleben wir immer mehr Wunder in Bezug auf Heilung und Eingreifen Gottes, so daß wir dies zur Ehre Gottes anderen Menschen mitteilen und erklären wollen.

Alle in diesem Buch erzählten Berichte sind von uns persönlich erlebt, die Namen haben wir aus Persönlichkeitsschutzgründen weggelassen. Wir erwähnen nur das Geschlecht und eventuell die Altersangaben zum Zeitpunkt der Heilung.

Wenn keine anderen Örtlichkeiten aufgeführt sind, geschahen die Heilungen oder Begebenheiten in der Jesus Gemeinde Bamberg.

Unter der Überschrift „Report" erzählen Andra und ich von Heilungen und Wundern, die wir erlebt haben, ohne daß wir hierzu Einzelberichte gefertigt hatten.

Wenn in den Berichten vom „Pastor" oder der „Pastorin" die

Rede ist, dann sind meine Frau und ich als Pastoren und Leiter der Jesus Gemeinde gemeint.

Berichte von Einzelpersonen sind in der „Ich – Form" gehalten, da sie es uns so erzählt haben.

Ich schreibe dieses Buch, weil ich immer wieder neu von Jesus begeistert bin. Und über das, was Jesus auch heute noch tut, weil ich festgestellt habe, daß wir zu wenig davon hören.

Ich schreibe es aus Dankbarkeit, weil Jesus mich in den Bereich des übernatürlichen Wirkens hineingeführt hat. Das, was ich früher nie für möglich gehalten hatte, passiert nun mehr und mehr in unserem Leben und durch unseren Dienst.

Jesus gehört aller Dank und alle Ehre dafür! Es geht um IHN, nicht um mich. Jesus ist der Retter, Heiler und Befreier, nicht ich. Ich kann und will seine großen Taten und Wunder verkünden.

Wir zeigen Menschen, die Jesus noch nicht kennen, daß ER sie liebt und totales Interesse an ihnen hat und dies auch demonstriert. Wir wollen helfen, daß sie in eine befreiende Beziehung mit Jesus kommen, sie Vergebung erfahren und ihr Leben neuen Sinn, Hilfe und Kraft bekommt. Ein Leben für die Ewigkeit.
Ein Leben hier auf der Erde mit der Möglichkeit, diese übernatürliche Kraft und Hilfe selbst zu erfahren und anderen weiterzugeben.

Ich sag Dir: Jesus ist dermaßen spitze, es wird Dich umhau`n.

Wir möchten Christen ermutigen und herausfordern, ihre Glaubensüberzeugungen anhand der Bibel zu reflektieren und den Heiligen Geist zu bitten und zu erlauben, sie in neue Dimensionen zu führen.

Ein Nachfolger Jesu zu sein oder zu werden, die ihre Umgebung mit dem Wort Gottes und seiner Kraft berühren und Wunder tun, um den Vater im Himmel, den allmächtigen Gott zu ehren und IHN so zu repräsentieren, wie es IHM würdig ist.

Denn dazu bist Du und ich geboren und berufen worden !

        Auf geht's – pack mer´s
        Vamonos
        Let´s go

    Günther und Andra Kunstmann
        Bamberg 2015

Inhaltsverzeichnis

Widmung	5
Vorwort	7

Mit Heuschnupfen fing alles an   11

Daß Dich des Tages die Sonne nicht steche   27

Heilungsberichte Teil 1   39

„Heilungsgebet" ?   45

Heilungsberichte Teil 2   51

Dämonen fliehen   59

Befreiungsberichte   63

Unkenntnis und Schweigen   69

Heilungsberichte Teil 3   75

Missionsbefehl   83

Heilungsberichte Teil 4   89

Erstaunliche Entwicklung   101

Kennst Du Jesus   107

Plötzlich kommt alles anders   113

Nachwort   129

Mit Heuschnupfen fing alles an

Eine erschreckende Entdeckung

Da wird man gut 30 Jahre alt, ist dankbar und glücklich über eine robuste körperliche Konstitution, man macht Pläne und ist bereit die Welt zu erobern und Bäume auszureißen.
Was oder wer sollte einen stoppen?
Und dann wird meine heile Welt durch ein Ereignis auf den Kopf gestellt:

Heuschnupfen durch Grasblüte!

Diese Erkenntnis traf mich wie ein Hammer, weil ich mir nicht erklären konnte, wo das plötzlich herkam. Ich hatte nie eine Allergie, liebte den Duft von Gras und Heu, half bei Heuernten mit und fühlte mich total wohl dabei. Die Frühjahrszeit war für mich persönlich eine der schönsten Jahreszeiten.

Plötzlich war alles anders!
Brennende, juckende, zugeschwollene Augen; Kratzen im Hals; eine triefende Nase wie ein Wasserfall und keine Aussicht auf Heilung. Durch Medikamente konnte lediglich ein wenig Linderung herbeigeführt werden.
Willkommen im Club der unfreiwilligen Allergiker!

Das war eine niederschlagende Prognose für die Zukunft.

Die Grasblütezeit war dann jedes Jahr ein Horror für mich.
14 Tage krankgeschrieben, nur im abgedunkelten Schlafzimmer bei geschlossenem Fenster, feuchte Kamillentücher auf den Augen – na prima!

Sehnsüchtig wartete ich darauf, daß die Grasblüte vorbeiging und ich wieder raus konnte. In die Natur, den Dienst, meine

Aktivitäten, Freunde und Ausflüge.

Die Stimmung zu Hause mit meiner Frau war in diesen 14 Tagen immer ziemlich angespannt, gereizt, genervt – es war nicht das, was ich mir unter Frühjahrszeit so vorgestellt hatte.

Du kannst Dir sicherlich vorstellen, daß auch in meinem Kopf die Gedanken Karussell fuhren. Ich kannte ja genügend Leute mit den verschiedensten Allergien und wußte, daß sie das Zeug nicht wieder loswurden, sondern ihr Leben drauf einstellen mußten.

Manchmal war es so schlimm, daß ich mir wünschte, am Nordpol zu wohnen, weil es da keine Grasblüte gab. Aber dann wurde mir klar, daß es außer Eis und Schnee dort auch sonst nix gab! Und immer saukalt.
Also auch nicht wirklich eine Alternative.

In dieser „Leidenszeit" wurde mir diese erschreckende Zukunft nur all zu deutlich in meine Gedanken gemalt. Ich konnte es drehen und wenden, ich sah keine andere Lösung, als Gott zu bitten, mir zu helfen.

Ich wußte; wenn jemand eine Lösung für mein Problem hatte, dann ER!

„Gott ist gut" – äh wie bitte?

Ich bin als Kind in einer Familie aufgewachsen, wo meine Eltern regelmäßig und voller Freude in eine evangelische Freikirche gingen und sie Jesus Christus, Gott den Vater und das Wort Gottes von Herzen liebten. Ich war von frühester Kindheit an mit dabei, es war für mich völlig normal in die Gemeinde zu gehen und war glücklich damit aufgewachsen.

Ich hatte in jungen Jahren (ich war 13) mein Leben in die Regie von Jesus übergeben.
Gebet, Verheißungen und auch Gebetserhörungen waren mir nicht fremd.
Die Gemeinde und der Glaube waren meine gewohnte Umgebung. Das Wort Gottes gab mir Kraft und Orientierung, gerade in meiner pubertären Phase. Ich bin noch heute meinen Eltern, den Glaubensgeschwistern und der damaligen Gemeinde dankbar, daß sie mich die „Wege des HERRN" gelehrt und mich dabei begleitet hatten. Es hat mich einigermaßen stabil durchs Leben gehen lassen.

Mein Weg war trotzdem nicht immer geradlinig und ich hatte in meinem Leben genügend „Böcke" geschossen, die Buße, Umkehr und Vergebung notwendig werden ließen.
Gott sei gedankt, ER hatte mir immer vergeben und die Menschen meistens auch.

Daß Gott heilen könne, war mir sonnenklar.
Logo – ER ist ja schließlich Gott und nicht irgendwer. Meine Überzeugung war, daß ER tun und lassen konnte, was ER wollte. ER sei aber bei alledem immer gerecht. Das war wenigstens ein Trost. So war ich gelehrt worden. Klar betete ich intensiv um Heilung, aber es änderte sich kaum was. Ich dachte: „naja, dann mußt du dich halt damit zufriedengeben, dann will Gott dich halt nicht heilen. Andere vielleicht. Zu irgendwas wird's schon gut sein"

Aber beim besten Willen war mir nicht klar für was, und ich stellte fest, daß tief in mir schon eine gewisse Anfrage an Gott war - „ und DU willst ein guter Gott sein?"
Ich wollte Gott nicht in Frage stellen, aber diese leise Stimme in meinem Innersten verstummte nicht.

Das brachte mich ganz schön ins Schleudern, weil ich auf der einen Seite absolut wußte,
- Gott ist gut
- er liebt mich von ganzem Herzen
- er hat gute Pläne und Absichten für mein Leben
- ich kann IHM immer vertrauen
- er hatte seinen Sohn Jesus für mich zur Erlösung gegeben
- die Bibel war voll von Heilungswundern und Verheißungen
- ER ist allmächtig und oft mit unserem Verstand nicht zu begreifen
- das Wort Gottes ist eigentlich für mich und sehr praktisch
- ……

und auf der anderen Seite verstand ich Gott nicht und fragte mich,
- was soll das Ganze
- warum gerade ich (ich war doch sein Kind)
- ich vertraute IHM doch
- was will ER mir dadurch zeigen oder lehren
- warum funktionierte sein Wort bei mir nicht
- und viele Fragen mehr.

Letztendlich mußte ich mich damit abfinden; ich tat es, kam zu keiner Lösung, ergab mich in mein Schicksal - aber war nicht wirklich glücklich darüber.

Eine umwerfende Erkenntnis

In der Bibel gibt es Berichte von einem Ereignis, das man als

Taufe in den Heiligen Geist
oder
Erfüllung mit dem Heiligen Geist

bezeichnet und der allen Gläubigen, die Jesus ganz bewußt zu ihrem persönlichen Retter und Heiland eingeladen und angenommen haben und mit IHM leben, zur Verfügung steht. Das kommt nicht automatisch, sondern soll erbeten werden! Schau`n wir mal kurz drei Bibelstellen an.

Wenn nun ihr, die ihr böse seid,
euren Kindern gute Gaben geben könnt,
wie viel mehr wird der Vater im Himmel
den Heiligen Geist geben denen, die ihn bitten!
Lukas 11 / 13

Da legten die Apostel die Hände auf sie
und sie empfingen den Heiligen Geist.
Apostelgeschichte 8 / 13

Und als der Pfingsttag gekommen war,
waren sie alle an "einem" Ort beieinander.
Und es geschah plötzlich ein Brausen vom Himmel
wie von einem gewaltigen Wind
und erfüllte das ganze Haus, in dem sie saßen.
Und es erschienen ihnen Zungen, zerteilt wie von Feuer;
und er setzte sich auf einen jeden von ihnen,
und sie wurden alle erfüllt von dem Heiligen Geist
und fingen an zu predigen in andern Sprachen,
wie der Geist ihnen gab auszusprechen.
Apostelgeschichte 2 / 1 – 5

Diese geistliche Erfahrung machte ich eines Tages und das veränderte alles!

Ich will hier jetzt nicht weiter drauf eingehen, wie es zu der Taufe in den Heiligen Geist kam, wie es geschah und welche Erstauswirkungen in meinem Leben sichtbar wurden oder auch nicht. Das ist eine eigene Geschichte, die ich vielleicht zu einem anderen Zeitpunkt erzählen werde.

Auf jeden Fall hat die Erfüllung mit dem Heiligen Geist unter anderem immer etwas mit neuen Erkenntnissen zu tun. Also Dinge, die man vorher nicht sieht oder kennt, plötzlich klar sieht oder endlich begreift. So war das auch bei mir.

Wenn aber jener, der Geist der Wahrheit, kommen wird,
wird er euch in alle Wahrheit leiten.
Denn er wird nicht aus sich selber reden;
sondern was er hören wird, das wird er reden,
und was zukünftig ist, wird er euch verkündigen.
Johannes 16 / 13

Plötzlich wußte ich, daß die Wahrheiten im Wort Gottes, die Verheißungen und Aussagen, was Jesus für uns - und damit für mich (!) - getan und am Kreuz teuer erkauft hatte, mir zur Verfügung standen. Jesus hatte es für mich getan!
Aber ich hatte keine Ahnung, was ich damit anfangen sollte, geschweige wie ich das in mein Leben hineinbringen konnte.

Ich fing an zu beten und Jesus zu bitten, daß ER mir das erklären möchte, sonst wär´ ja diese Erkenntnis für die Katz! Und das tat ER!

Zur Erklärung will ich hier sagen, daß ich jetzt nicht anfing Stimmen zu hören, oder irgendwie in Trance zu fallen. Sondern Gedanken in mir fingen an, Zusammenhänge zu registrieren und zu verstehen, was das Wort Gottes mit bestimmten Stellen damit ausdrückt und wirklich meint.

Manchmal waren es plötzliche Gedanken, bei denen ich mich fragte „Wo kommt das denn plötzlich her?"
Oder es war wie eine innere Unterhaltung. Oft war es fast so, als wenn ich mich plötzlich in einem biblischen Bericht an der Seite Jesu befand und alles hautnah mitbekam.
Diese Gedanken und Wahrnehmungen waren verbunden mit einer großen Spannung, Freude und Erwartung. Ich verstand plötzlich, was es heißt mit Gott zu reden und auch eine Antwort zu bekommen.

Ich meine, ich kenne mich gut genug um zu wissen, was und wie ich denke. Diese Art von Gedanken und innerem Reden waren für mich neu und total stark. Ich wußte, das ist das Reden Gottes mit mir und in mir.

Die Erfüllung mit dem Heiligen Geist war in meiner damaligen Gemeinde nicht wirklich gelehrt worden. Dieses Reden in neuen Sprachen, Kraftwirkungen, Zeichen und Wunder, waren zwar aus der Bibel bekannt (logisch – steht ja schwarz auf weiß drin) aber es gab genügend Erklärungen von Menschen, warum es heute in dem Sinne nicht mehr gilt bzw. notwendig ist. Es gab aber auch immer Einzelne, die diese Erfahrung mit dem Heiligen Geist hatten, aber es waren „Exoten" in meinen Augen und etwas suspekt.

So war diese Erfahrung mit dem Heiligen Geist der Beginn meiner abenteuerlichen Glaubensreise mit Jesus, und die hat mein ganzes Leben umgekrempelt.

Erste Schritte

Das Erste, was mir Gott klarmachte, war so simpel wie auch einfach:

„ **Glaube meinem Wort und es setzt seine Kraft frei!"**

Ich sagte IHM: „Seit meiner frühesten Kindheit kenne ich viel von Deinem Wort und glaube es."
ER antwortete mir (in der vorher beschriebenen Art) „ Ja du kennst viel, aber vieles davon glaubst du nicht wirklich, sondern bejahst es nur. Du denkst, es ist Glauben, aber ist es nicht. Glauben heißt dem zu vertrauen, der es gesagt hat und danach zu handeln, so als wäre es bereits passiert."

Das war wie 'ne kalte Dusche für mich. Und ich wußte im gleichen Moment, „ER hat Recht!"

Ich handelte bei vielen Worten Gottes nicht danach, ich war in vielen Dingen ein „Reichsbedenkenträger", legte mir Begründungen für sein Wort zurecht, die mein Verhalten oder Nichtstun rechtfertigten. Gerne übernahm ich sogenannte Glaubensstatements wie z.B. „das gilt heute nicht mehr" oder „so kannst du das von Gott nicht erwarten", „Du kannst doch Gott nicht vorschreiben, was er tun soll", „nur nicht zu extrem werden" und vieles mehr. Oder ich checkte einfach gar nix.

Diese neue Erkenntnis brachte mich echt in die Zwickmühle.
Es blieb mir nur, Jesus gegenüber das einzugestehen und zu fragen, was ich denn tun solle.

Jesus zeigte mir in der Bibel einige Stellen, die mit „Sprechen" zu tun hatten und mit einem Verständnis von Autorität im Glauben.

Ok – das Verständnis von Autorität war mir durch meine Berufsausbildung als Polizist und der damit verbundenen Berufserfahrung nicht fremd.

Wenn ich in Uniform war, einem 40-Tonner LKW ein Anhaltezeichen gab, dann befolgte er das Zeichen.
Nicht weil ich so groß oder angsteinflößend bin, nicht so schön oder was weiß ich, er hält einfach nur, weil er gelernt hat, Erkennungsmerkmale und Zeichen von Autorität zu achten. (äh - normalerweise!) Zum Beispiel sieht er meine Uniform, meine Dienstmütze, meinen Streifenwagen …

Es gibt sogar eine Bibelstelle, die das genauso beschreibt.

Als aber Jesus nach Kapernaum hineinging,
trat ein Hauptmann zu ihm; der bat ihn und sprach:
Herr, mein Knecht liegt zu Hause und ist gelähmt
und leidet große Qualen.
Jesus sprach zu ihm: Ich will kommen
und ihn gesund machen.
Der Hauptmann antwortete und sprach:
Herr, ich bin nicht wert,
daß du unter mein Dach gehst, sondern sprich nur ein Wort,
so wird mein Knecht gesund.
Denn auch ich bin ein Mensch,
der Obrigkeit (Autorität) untertan,
und habe Soldaten unter mir; und wenn ich zu einem sage:
Geh hin!, so geht er;
und zu einem andern: Komm her!, so kommt er;
und zu meinem Knecht: Tu das!, so tut er's.
Als das Jesus hörte, wunderte er sich
und sprach zu denen, die ihm nachfolgten:
Wahrlich, ich sage euch:
Solchen Glauben habe ich in Israel bei keinem gefunden!
Matthäus 8 / 5 - 10

Und Jesus sprach zu dem Hauptmann:
Geh hin; dir geschehe, wie du geglaubt hast.
Und sein Knecht wurde gesund zu derselben Stunde.
Matthäus 8 / 13

Wow - das verstand ich. Ich fand plötzlich noch mehr Stellen und verstand den Zusammenhang.

Und er (Jesus) machte sich auf aus der Synagoge
und kam in Simons Haus.
Und Simons Schwiegermutter hatte hohes Fieber
und sie baten ihn für sie.
Und er trat zu ihr und gebot dem Fieber und es verließ sie.
Und sogleich stand sie auf und diente ihnen.
Lukas 4 / 38 – 39

Wahrlich, ich sage euch: Wer zu diesem Berge spräche:
Heb dich und wirf dich ins Meer!,
und zweifelte nicht in seinem Herzen,
sondern glaubte, daß geschehen werde,
was er sagt, so wird's ihm geschehen.
Markus 11 / 23

Das gab mir den letzten Kick! Ich wußte was ich nun tun mußte:

Der Heuschnupfen war mein Berg !
Ich mußte in Autorität zu ihm sprechen !!
Ich konnte es glauben, weil mein Vater im Himmel
es gesagt und aufschreiben hat lassen !!!
Ich hatte im Glauben eine Autorität über diesen Berg !!!!
Ich mußte aufstehen und aktiv werden !!!!!

Nun denn - zur Tat geschritten

Die Grasblüte kam und damit auch meine Zeit der Prüfung. Beim ersten Anzeichen von juckenden Augen legte ich meine Hände auf die Augen und gebot:

„ Im Namen Jesu, Heuschnupfen weiche, Jucken hör auf! „

Was meinst Du was geschah?
Das Jucken verschwand sofort aus den Augen und legte sich sofort auf die Nase. Das hatte ich so noch nie gehabt.
Sie fing zu laufen an wie ein Wasserfall. Ich ließ mich nicht entmutigen, denn ich hatte den Anfang gemacht und ich war nicht der Typ, der einfach zwischendrin aufgibt. Also weiter.
Ausdauer und Hartnäckigkeit war das Gebot der Stunde.
Ich legte meine Hände auf die Nase und gebot wieder:

„ Im Namen Jesu, Heuschnupfen verschwinde,
Nase hör auf zu jucken und zu laufen! „

Prompt hörte es auf, aber nur, um sich sofort auf den Kehlkopf zu legen.
Das gleiche Spiel:

„ Kehlkopf hör auf zu jucken,
Heuschnupfen verschwinde im Namen Jesu. „

Es hörte sofort auf.

Wer jetzt denkt, damit war´s erledigt, der hat sich getäuscht.
Ich war nicht der Glaubensheld wie ich es mir vorgestellt oder erwartet hatte. Von wegen gewonnen – nach einer Runde!
Das Spiel ging von vorne los. Die Augen juckten und tränten – ich legte wieder meine Hände auf und gebot im Namen Jesu. Wieder der Wechsel zur Nase – Kehlkopf – Augen – Nase usw.

Ich ließ nicht locker, sondern hielt voller Vertrauen auf das Wort Gottes dagegen. Ich hatte plötzlich den Eindruck, daß es hier um ein „geistliches Armdrücken" ging. Naja – das konnte der Heuschnupfen haben, darin war ich schon immer gut gewesen.
So ging es ungefähr eine Stunde. Gott sei Dank hatte mich keiner dabei gesehen, ich war allein zu Hause. Ich kam mir dermaßen bekloppt vor. Aber was sage ich Dir?
Nach der Stunde war für den Rest des Tages Ruhe. Der Heuschnupfen hatte sich beleidigt und geschlagen zurückgezogen, jedoch nur, um am nächsten Tag stärker zurückzukommen. Er hatte wohl ein paar Kumpels geholt.

Aber auch ich war im Glauben stärker geworden und so fing das „Armdrücken" wieder an.
Die Zeiten der Konfrontation, sprich der Symptome, wurden immer kürzer. Der Sieg kam immer schneller.
Das ging ungefähr eine Woche so, dann war der Heuschnupfen weg.
Das hatte ich noch nie erlebt. Hallelujah! Das war ein Gefühl. Ich schwebte wie auf Wolken.

Ich hatte erkannt, daß es hier um eine geistliche Dimension ging, mit sichtbaren Folgen in meinem Leben. Ich erkannte plötzlich, daß da noch viel mehr dahintersteckte, als was mir bewußt war.

Ich verstand die Bibel plötzlich als gottgegebenes Handwerkszeug, um Dinge in Existenz zu bringen oder dagegenzuwirken.

Die Probe auf``s Exempel

Ich also wieder frisch – fromm - fröhlich und ohne Beschwerden zurück in den Dienst. Meine Kollegen hatten während meiner Abwesenheit beratschlagt, was wir an unserem Gemeinschaftsausflug (so eine Art Betriebsausflug) machen würden. Einer von ihnen kam auf die super-glorreiche Idee, daß wir eine Radtour durch unsere schöne Gegend machen könnten. Es gab noch ein oder zwei Alternativen. Die Vorschläge wurden dann, als ich wieder im Dienst war, zur Abstimmung gestellt. Die Alternativen waren gleich vom Tisch, alle stimmten für die Radtour.
Alle? Nein – es gab eine Gegenstimme. Du darfst dreimal raten, von wem die kam.

Also Radtour. Demokratische Mehrheitsentscheidung. Ich sagte nichts weiter, warum ich dagegen war. Ich wollte kein Spielverderber für die anderen sein und insgeheim dachte ich mir „dann bleibst du einfach daheim, das mußt du dir nicht antun".

Der Tag rückte näher und ich verriet natürlich niemanden von meinen geheimen Absichten. Aber irgendwie hatte Jesus sie mitgekriegt und ER sprach mich drauf an.
„Hast Du nicht siegreich den Heuschnupfen bekämpft? Warum fährst Du nicht mit?"

Ich hatte sehr schnell eine gute Antwort parat: „Ich will mein Immunsystem jetzt nach dieser glorreichen Schlacht nicht zu sehr belasten, das braucht erst mal Ruhe. Außerdem muß man die Dinge ja nicht herausfordern".
Ich kam mir ziemlich schlau vor und dachte, Gott gegenüber macht es sich ja außerdem gut, wenn man mit einem Bibelvers argumentiert. So sieht ER wenigstens, daß man sich auskennt. So fügte ich hinzu „ Und außerdem sagt schon Dein Wort, daß man Gott nicht versuchen soll."

Das kam so richtig gut und geschmeidig. Dieser Argumentation konnte ER auch nicht viel entgegensetzen. Ich fühlte mich gut und hatte alles richtig gemacht.
Dachte ich.
Jesus sagte tatsächlich nichts mehr.

Bei meiner nächsten Bibellese sprang mich ein Vers geradewegs wie ein hungriger Löwe an:

> *Denn wie der Leib ohne Geist tot ist,*
> *so ist auch der Glaube ohne Werke tot.*
> Jakobus 2 / 26

BINGO ! Jesus hatte mich wieder mal erwischt. Sofort wußte ich was ER meinte und was es für mich bedeutete. Irgendwie ganz klar und einfach. Und ich hatte gedacht, ich hätte einen Trumpf im Ärmel.
Durch dieses Wort machte ER mir klar, daß Glaube sich in der Praxis bewährt. Ich mußte jetzt aktiv werden, um allen zu zeigen wo ich stehe, was ich wirklich glaube und daß ich wirklich gewonnen hatte.

Das heißt
- mir selbst
- den Leuten, die von der Sache wußten
- Gott
- dem Teufel, der mir das Problem bereitet hatte
- und zuletzt dem Heuschnupfen.

Ich mußte jetzt zeigen, daß Glaube nicht nur was theoretisches oder theologisches ist, ich mußte beweisen, daß Glaube aus dem Wort Gottes auch heute noch genauso funktioniert wie zu der Zeit Jesu und auch davor, nämlich ein aktiver, praktischer Glaube, mit sichtbaren, positiven Ergebnissen.

Die Radtortur

Also auf zur Radtour. Herrlichstes Wetter, Grasblüte soweit das Auge schau´n konnte. Heuernten auf den Feldern im vollen Gang, Kreiselwender wirbelten das trockene Gras herum, das volle Programm.
Und mir schien es, als ob alle Graspollen der Umgebung nur ein Ziel hatten: Meine Schleimhäute!
Mamma Mia! Das war keine Radtour – das war ein Radtortur!

Ich spürte aber den Heiligen Geist an meiner Seite, der mich anfeuerte und motivierte. Und so kämpfte ich den ganzen Tag in Gedanken, oder wenn es keiner merkte auch leise, mit einem Wort, das Gott mir für diesen Tag gegeben hatte.

Fürwahr, er (Jesus) trug unsere Krankheit
und lud auf sich unsere Schmerzen.
Wir aber hielten ihn für den, der geplagt
und von Gott geschlagen und gemartert wäre.
Aber er ist um unsrer Missetat willen verwundet
und um unsrer Sünde willen zerschlagen.
Die Strafe liegt auf ihm, auf daß wir Frieden hätten,
und durch seine Wunden sind wir geheilt.
Jesaja 53 / 4 – 5

und nehmt den Helm des Heils
und das Schwert des Geistes, welches ist das Wort Gottes.
Epheser 6 / 17

Der Heilige Geist macht mir diese Worte lebendig und ich spürte die Kraft und die Wahrheit dieser Worte. Außerdem sagte ER zu mir „Nimm diese Worte persönlich, Spreche sie in der ICH-Form. Es ist Dein Schwert gegen diesen Angriff"

Also zitierte ich diese bekannte Stelle aus Jesaja 53 und Epheser 6 in der ICH-Form:

*Fürwahr, er trug MEINE Krankheit
und lud auf sich MEINE Schmerzen.
ICH aber hielt ihn für den, der geplagt
und von Gott geschlagen und gemartert wäre.
Aber er ist um MEINE Missetat willen verwundet
und um MEINE Sünde willen zerschlagen.
Die Strafe liegt auf ihm, auf daß ICH Frieden hätte,
und durch seine Wunden bin ICH geheilt.*
Jesaja 53 / 4 – 5

*ICH nehme den Helm des Heils
und MEIN Schwert des Geistes,
welches ist das Wort Gottes.*
Epheser 6 / 17

Die Augen juckten, die Graspollen kitzelten die Nase …
aber sie hatten keine Chance.
Ich blieb eisern mit meinem Wort Gottes am Ball.
Am Abend, als ich heimfuhr wußte ich tief in meinem Innern:
Es ist vollbracht!
Der Sieg war auch äußerlich zu sehen: keinerlei Symptome mehr! Glory to God!

Seit dieser Zeit, und das ist jetzt über 30 Jahre (!) her, kam der Heuschnupfen nie mehr wieder.

Ich kann nur sagen:

**WOW –
Danke Jesus!
Dir sei alle Ehre!**

Daß Dich des Tages die Sonne nicht steche

Skiurlaub – I like it

Ich will Dir noch eine andere Begebenheit erzählen, um Dir zu zeigen, wie kraftvoll das Wort Gottes ist und die mich unwahrscheinlich ermutigt hatte und ich dazulernte.

Davor will ich jedoch zwei biblische Begriffe erklären, die dabei wichtig sind.
Es geht um „Logos" und „Rhema".
Da dies ja kein Lehrbuch ist, sondern persönlich erlebte Berichte von Abenteuern mit Gott und mit Hilfe des Heiligen Geistes siegreich abgeschlossenen Herausforderungen, mach ich es ganz kurz.
Für mich bezeichnet das griechische Wort „Logos" das Wort Gottes im Allgemeinen. Also die ganze Bibel. Du kannst sie lesen wie ein normales Buch oder Zeitschrift, dann wirst Du nichts erleben. Oder als das Wort Gottes, es ist die Wahrheit und Du kannst es für Dich persönlich in Anspruch nehmen.

Das Wort „Rhema" hingegen bedeutet für mich:
- ein spezielles Wort Gottes
- zu einer speziellen Zeit
- für eine spezielle Situation
- herausgehoben durch den Heiligen Geist.

Es gibt Situationen, wo Gott uns ein spezielles Wort gibt, um eine Situation zu meistern. Erinnere Dich an die Radtour – ich bekam zwei spezielle Worte, um mich gegen die erneute Heuschnupfenattacke zu wehren und die Allergie endgültig zu besiegen. Es war so ein „Rhema"
Es gibt viele gute Bücher darüber, da brauchst´s keines von mir.

Andra und ich sind mit Freunden zum Skifahren nach

Österreich gefahren. Nach Sölden im Ötztal. Skifahren wollten wir in Hochsölden, das dortige Skigebiet geht bis über 3300 m hoch.
Fantastisches Wetter: blauer Himmel, Sonne satt, Schnee wie aus dem Bilderbuch.
Herzi - lein was willst du mehr.

Also Sonnencreme ins Gesicht , aber nicht zu viel und nicht zu hoher Sonnenschutzfaktor.
Man will ja auch ein bißchen braun werden und die anderen sollen vor Neid dann ein bißchen erblassen.
Rauf auf die Pisten und den Tag genossen. Volle Sahne. Den ganzen Tag.
Der Feierabend kam und mit ihm auch der Sonnenbrand. Sonnenbrand hoch zehn!
Das ganze Gesicht brannte wie Feuer, knallrot, Brandblasen, ich konnte nicht mal an die Haut fassen.

Ok, das war`s mit dem Skiurlaub. Ein Tag voll Fun und dann Totalausfall.
Das Blöde war, der Skipaß und die Pension für eine Woche waren bezahlt.
Die anderen hatten nix – warum auch immer. Nur ich.
Den ganzen Abend hab ich mich vorsichtig eingecremt und um ein Heilungswunder gebetet.
Nichts! Keine Veränderung. Schmerzen und ein Gesicht wie ein roter Ballon.
Die Nacht hatte ich logischerweise nicht geschlafen, weil ich nicht wußte, wie ich mein Haupt betten sollte.

Das Desaster war perfekt und ich wieder mal ratlos.

Der Morgen graute, mir auch!

Was sollte ich machen, keine Ahnung. Ich wollte den anderen ja auch nicht den Skiurlaub verderben.
Wie es sich gehörte und ich es gewohnt war, verbrachte ich vor dem Frühstück eine Zeit mit Gebet und Bibellesen.
Und Jesus war doch tatsächlich ins Ötztal gekommen, um mit mir zu reden und mir zu helfen.

„ Daß Dich des Tages die Sonne nicht steche"

Dieser Gedanke war plötzlich da und ließ mich nicht mehr los. Immer wieder kam dieser Satz in meinen Sinn. Er kam mir irgendwie bekannt vor, aber ich konnte ihn nirgends einordnen. Also fragte ich Jesus: „Woher kenne ich den Satz?"
ER sagte mir, daß es ein Psalm wäre, den ich gut kennen würde. Ich hätte mal ein Lied darüber geschrieben. Und in meiner Bibel würden noch immer die Gitarrengriffe stehen, die ich damals reingeschrieben hatte.
Ach so – daher kam es mir also bekannt vor. Jesus hatte – wie immer – recht.

An der Stelle will ich kurz einschieben, daß ich seit meiner Jugendzeit leidenschaftlich gerne Gitarre spiele und in jungen Jahren anfing, eigene Lieder mit Texten aus der Bibel oder Texten über Glaubensdinge schrieb. Und das tue ich heute noch gerne. Lieder schreiben, wie großartig Jesus ist und welche Wunder er immer noch tut, oder Anbetungslieder.

Ich erinnerte mich daran und suchte in meiner Bibel den Psalm, der komplett mit Gitarrengriffen versehen war. Das war mein Suchraster. Ich war froh, daß ich meine kleine, alte Lutherbibel dabei hatte, die ich von meinen Eltern zu meiner Taufe im Jahr 1970 geschenkt bekommen hatte. Sie begleitet mich überall mit hin. Ich mache mir ab und zu darin Notizen und Hinweise zu Bibelstellen.

Meine Eltern hatten mir liebevoll eine Widmung reingeschrieben:

„Unserem lieben Günther zum gesegneten Gebrauch
Deine Eltern

zur Erinnerung an Deine Taufe
am 06. Dez. 1970"

Und so war es dann auch! Der Psalm 121 lachte mich an.

G-Dur – e-moll – C-Dur – D-Dur.

"Ein Wallfahrtslied."
Ich hebe meine Augen auf zu den Bergen.
Woher kommt mir Hilfe?
Meine Hilfe kommt vom HERRN,
der Himmel und Erde gemacht hat.
Er wird deinen Fuß nicht gleiten lassen,
und der dich behütet, schläft nicht.
Siehe, der Hüter Israels schläft und schlummert nicht.
Der HERR behütet dich;
der HERR ist dein Schatten über deiner rechten Hand,
dass dich des Tages die Sonne nicht steche
noch der Mond des Nachts.
Der HERR behüte dich vor allem Übel,
er behüte deine Seele.
Der HERR behüte deinen Ausgang und Eingang
von nun an bis in Ewigkeit!
Psalm 121

Wumm! Das war der absolute Hit. Der totale Skifahrer-Psalm.
Augen hoch zu den Bergen; ER wird deinen Fuß nicht gleiten lassen; ER behütet mich vor allem Übel.
Normalerweise konnte mir jetzt eigentlich nichts mehr passieren. So hatte ich den Psalm noch nie betrachtet.

Und da war er, der Satz:

> *" dass dich des Tages die Sonne nicht steche*
> *noch der Mond des Nachts. "*

Gut, der Mond in der Nacht war mir in dem Moment ziemlich egal. Aber das mit der Sonne und dem Stechen. Das war genau mein Ding.
Irgendwie wurde es mir ziemlich schnell klar, daß es dem Schreiber des Psalms gar nicht ums Skifahren ging.
Claro – wie denn, wo denn, warum denn?

Also mußte das Geheimnis des Psalms woanders liegen. Während ich darüber nachdachte, kam die unverwechselbare, sanfte Stimme meines HERRN in meine Gedanken.

> „ Dies ist Dein Wort für Dein heutiges Skifahren.
> Geh mit den anderen und halte dieses Wort hoch.
> Die Sonne wird Dir nichts antun können"

Das war echt der Hammer. Die Sonne mir nichts antun können. Da lachen ja die Hühner. Das gab´s ja noch nie.

Aber ich kannte mittlerweile die Stimme Jesu und ich vertraute ihr mehr, als allen Naturgesetzen, Biologie- oder Physiklehrern oder sonstigen guten Meinungen und Ratschlägen. Nicht daß sie mir nicht auch wichtig wären, aber das Wort Gottes und das Reden des Heiligen Geistes sind mir dann doch wichtiger.

Außerdem hatte ich meine „Heuschnupfenschlacht" nie vergessen. Wie könnte ich das jemals wieder vergessen. Es war so spannend und erfolgreich gewesen.

Sonnencreme oder Wort Gottes

Also fertig machen zum Wedeln. Volle Montur, Gesicht gut eingecremt und los …
Halt, so nicht! Ich hielt an und überlegte scharf. Wenn ich mich gut eincreme und am Abend ist alles ok, dann weiß ich nicht was geholfen hat.

Die Sonnencreme oder das Wort Gottes.

Jetzt mußte eine Entscheidung her. Hopp oder Topp. Entweder - oder. Gott oder Creme. Sieg oder Niederlage.

Ich rannte ins Zimmer zurück, die anderen warteten schon am Auto. Ich wusch mir mit Seife die Creme aus dem Gesicht und achtete darauf, daß ich auch alles erwischte.
So – erledigt.
Aus dem Spiegel sah mir ein knallrotes Gesicht entgegen, das ich irgendwo her kannte. Dieses Gesicht schrie mich förmlich an:

Ja spinnst´ denn jetzt total?
Du wirst hoffnungslos verbrennen.
Das ist unverantwortlich.
Du landest im Krankenhaus.
Bleib daheim!

Ich stockte. Plötzlich schien mir mein Handeln verrückt. Was sollte ich machen, die Zeit drängte. Langsam, wie in Zeitlupe, schob sich eine Geschichte aus dem Alten Testament vor meine innere Leinwand.
Drei Männer Gottes, die sich nicht vor dem falschen Gott beugen wollten, sollten zur Strafe in einen Feuerofen geworfen werden. Die ganze fantastische Geschichte kannst Du nachlesen im Alten Testament, im Buch Daniel, Kapitel 3, Verse 1 bis 30. Ich empfehle es Dir.

Der Satz, der mir wichtig und zur Bestätigung wurde, war:

Wenn unser Gott, den wir verehren, will,
so kann er uns erretten;
aus dem glühenden Ofen
und aus deiner Hand, o König, kann er erretten.
Daniel 3 / 17

Der glühende Ofen, das war's. Ich wußte ja, wie die Story ausging. Das Feuer konnte den drei Jungs nichts anhaben, weil sich Jesus zu ihnen gesellte und sie schützte.
Das war wie eine Bestätigung für mich.
Dann also dem Gesicht im Spiegel „adios" gesagt und runter zum Auto.

Wieder ein herrlicher Tag. Ein Kaiserwetter. Und einer der härtesten Tage in meinem Leben.
Rauf auf 3000 Meter, näher zur Sonne, ganz nah an die Herausforderung.
Und mein Leben hing fast wörtlich vom Wort Gottes ab.

Meine Gedanken rasten. Was, wenn du dich geirrt hast, wenn du dir das alles nur einbildest?
Wie zur Bestätigung spürte ich die Sonne in mein Gesicht brennen. Der Kampf war eröffnet. Die Schlacht tobte. Ich war wie ein Krieger zwischen zwei Heeren.

Die weiße Armee machte mir Mut und sagte:
- das Wort Gottes ist wahr
- halte dran fest
- laß Dich nicht irre machen
- die anderen Gedanken sind nicht alle falsch, aber Gottes Wahrheit ist richtiger
- der Sieg gehört Dir
- nichts ist unmöglich dem, der glaubt
- ...

Die schwarze Armee griff an:
- Du bist verrückt
- die physikalischen Gesetze sind ewig und unveränderlich
- denk an die Folgen
- wer meinst Du denn, daß Du bist, daß Du die Natur herausforderst
- Du wirst fürchterlich leiden
- …

Das ging den ganzen Tag so. Aber ich wurde immer kühner und hielt das Wort, das ich bekommen hatte vor mir hoch wie einen unsichtbaren Sonnenschirm. Es war eine ähnliche Auseinandersetzung wie beim Heuschnupfen, nur viel heftiger.
Ich rief der Sonne zu: Hey, weißt Du schon, daß Du mich nicht stechen darfst? Das Wort Gottes verbietet es Dir! Ich war ganz schön kühn und vielleicht auch schon ein wenig frech und vorlaut.

Und das alles auf 3000 Meter mit viel Sonne, UV – Licht und Schneereflektion.

Der Skitag ging zu Ende und ich war auch ziemlich am Ende. Aber auch am Ende der Schlacht – und zwar als Sieger. Am Abend konnte ich und die anderen feststellen, daß mein Gesicht nicht mehr rot und geschwollen war, sondern normal. Die Sonne hatte mich nicht stechen können. Im Gegenteil – trotz Intensivbestrahlung heilte mein verbranntes Gesicht während des Tages ab.
Als ich am Abend wieder in den Spiegel sah, sah ich ein mir wohlbekanntes, glückliches, zufriedenes, siegreiches Gesicht und ich sagte zu diesem Gesicht:

        So sehen Sieger aus – Gute Nacht!

Der Glaube an Jesus und sein ewig gültiges, mächtiges Wort hatte wieder einmal gesiegt. Es war eine Erfahrung, die mein ganzes weiteres Leben bestimmen sollte.

Ist mein Wort nicht wie ein Feuer, spricht der HERR, und wie ein Hammer, der Felsen zerschmeißt?
Jeremia 23 / 29

Himmel und Erde werden vergehen; meine Worte aber werden nicht vergehen.
Markus 13 / 31

Dein Wort ist meines Fußes Leuchte und ein Licht auf meinem Wege.
Psalm 119 / 105

Das Wort Gottes ist absolut wahr und vertrauenswürdig. Es ist kraftvoll und mächtig, alles zu überwinden. Es wird in alle Ewigkeit bestehen. Es wird immer noch in Autorität stehen, wenn die Worte schlauer Menschen, die Worte von irgendwelchen Religionsgründern oder anderen längst keinen Bestand mehr haben. Warum das so ist?
Weil Jesus selbst das Wort Gottes ist.

Du kannst es theoretisieren, zerpflücken, als unwahr bezeichnen, in Frage stellen, verkomplizieren und was weiß ich nicht alles. Es wird sich am Wahrheitsgehalt nichts ändern.

Ich habe mich entschieden, dem Wort Gottes voll zu vertrauen, auch wenn ich manches noch nicht verstehe, manche Frage nicht beantworten kann oder Leute mit Argumenten kommen, die sich gut und richtig anhören, aber dem Wort Gottes entgegenstehen. Meine Befindlichkeit entscheidet nicht über die Richtigkeit des Wortes Gottes.

Risiken und Nebenwirkungen

Ich möchte Dich hier warnen, mach es nicht einfach nach, weil ich es erlebt habe.

> Es war ein klares Wort Gottes, für einen bestimmten Zeitpunkt in einer speziellen Situation
> **für mich!**
> Ein klares Rhema!
> (Nicht Rheuma! Nicht verwechseln!)

Wie heißt es?
> „ Zu Risiken oder Nebenwirkungen lesen Sie das Wort Gottes, oder fragen Sie den Heiligen Geist"

Du mußt Deine eigenen Erfahrungen mit Jesus machen, ER führt Dich die Schritte des Glaubens. Und Du wirst Siege und Wunder erleben, das verspreche ich Dir. Aber bitte mach das nicht einfach nach. Es ist meine Erfahrung, meine Kämpfe und Siege und ich erzähle es Dir, damit Du weißt:

> Gottes Wort ist immer noch gültig und mächtig.
> Es lohnt sich nach mehr von Jesus zu suchen.
> Mach Dich auf den Weg, ER wartet schon auf Dich.
> Sag dem Abenteuer daß Du kommst.

Vertrau´ Jesus und seinem Wort. Fang an dich mit dem Wort Gottes zu beschäftigen und lese über die Wunder, die Jesus und die Jünger getan haben und wie sie es taten.

Suche Dir Christen, die das bereits praktizieren und die Heilungswunder schon selbst erlebt haben.
Bitte nicht die Dampfplauderer, die von einem gehört haben, der wieder einen kannte, der mal von einem Wunder gehört hat. Oder die, die auf alles eine Antwort haben, aber in deren Leben keine Wunder oder Heilungen passieren.

Es ist ein persönlicher Wachstumsprozeß. Aber es ist spannend und es lohnt sich. Gott hat keine Methode, aber unendlich viele Möglichkeiten. Gott ist nicht religiös, er liebt Dich und will mit Dir zusammenarbeiten, wobei er Deine Persönlichkeit berücksichtigt. Immerhin hat ER sie Dir gegeben.

Die nachfolgenden Heilungsberichte oder anderen Aktionen Gottes werden dich vielleicht
- erstaunen
- verwundern
- begeistern
- verwirren
- entzünden
- motivieren

Vielleicht erscheint Dir das eine oder andere als Kleinigkeit, aber wenn Du in der Situation bist und Schmerzen oder Probleme hast, dann ist es für Dich groß. Und Du bist dankbar, wenn es verschwindet.

Die Berichte sind zur Ehre Gottes und zeigen das Wirken Jesu in unserer heutigen Zeit und wie ich schrittweise im Glauben wuchs, die Autorität einsetzte und die Heilungen immer mehr wurden.

Ich sagte es am Anfang, entweder erzählen Andra und ich von unseren Erlebnissen (Report) oder die Personen geben einen Bericht wieder, den sie selbst erlebt hatten. Auch dann habe ich es in der „Ich – Form" wiedergegeben.

Es ist an der Überschrift erkennbar.

Anschnallen – festhalten – los geht's!

Hier kannst Du Dir vielleicht Notizen zu dem bisher Gelesenen machen, um es später tiefer zu beleuchten.

Heilungsberichte Teil 1

Schulterschmerz ade
Heilung von einer schmerzhaften Schulterzerrung

Ein 16-jähriger Schüler berichtet:
In der Schule war ich auf meine rechte Schulter gefallen. Seit dem Sturz konnte ich sie fast nicht mehr bewegen. Es schmerzte ungemein. Am gleichen Tag war in der Jesus Gemeinde Bamberg abends Bibelschule und am Schluß bat ich den Pastor, für meine Schulter zu beten. Ich wollte noch nicht zum Arzt, sondern glaubte, daß Jesus mich heilt.
Nach dem Gebet waren die Schmerzen schon fast weg, ich konnte den Arm wieder besser bewegen. Ich wurde mit der Ermutigung nach Hause geschickt, daß ich den Arm weiter bewegen solle, die Schmerzen würden komplett verschwinden.

Jesus sei noch nicht fertig - würde es aber zu Ende führen.

Und so war es dann auch tatsächlich. Tage später wurde ich von ihm gefragt, wie's ausschaut. Die Schmerzen waren komplett weg und die Schulter funktionierte wieder super.

Augen sind zum Sehen da!
Gottes Güte achtet nicht auf das Alter

Eine Grandma (80 Jahre) erzählt:
Ich war gerade bei der Küchenarbeit, als sich plötzlich ein Schleier auf mein rechtes Auge legte und ich fast nichts mehr sehen konnte. Nur noch durch einen kleinen Schlitz konnte ich Helligkeit wahrnehmen.

Der Augenarzt, den ich aufsuchte, meinte, da könne man nichts mehr machen, ich müsse mit der vollständigen Erblindung auf dem Auge rechnen.

Ich ließ mich durch die Diagnose nicht erschrecken, da ich viele Jahre meines Lebens schon mit Jesus lebe und meinen Heiland kenne. Ich vertraute mich seiner Güte und Gnade an und betete um Heilung meines Auges.

In der Gemeinde wurde für mein Auge gebetet und der Blindheit im Namen Jesu geboten, zu weichen.

In der Folgezeit stellte sich mein Sehvermögen auf diesem Auge Stück für Stück wieder ein, so daß ich beim Augenarzt schon wieder den Sehtest machen konnte. Nur die letzte, ganz kleine Zeile konnte ich noch nicht lesen. Aber das wird auch noch.

Der Schleier auf dem Auge war und blieb weg.

Ich preise Jesus dafür.

30 Jahre schief gelaufen !
Heilung von seitlicher Wirbelsäulenverkrümmung

Eine weitere, alte, liebenswerte Dame:
Vor 30 Jahren, als ich noch im Arbeitsleben stand, stieg ich eines Tages auf einen Hocker, um etwas aus dem Rauchfang zu holen. Dabei rutschte ich ab und schlug seitlich auf den Betonboden auf. Ich hatte danach starke Schmerzen, und im Verlauf der nächsten Monate merkte ich, daß sich meine Wirbelsäule seitlich verschoben hatte und ich seitlich krumm ging. Ich bekam es nie mehr weg und lebte praktisch 30 Jahre lang damit.

In einem Pfingstgottesdienst war eine Zeit im Gottesdienst, wo der Heilige Geist sich stark bewegte. Die Kraft Gottes kam auch auf mich und Jesus fing an, mich stark durchzuschütteln. Ich hüpfte wie wild auf und ab und wußte zunächst gar nicht, was das sollte. Für eine Dame meines Alters sicherlich nicht die feine Art sich in einem Gottesdienst zu verhalten. Aber ich wußte, daß es Jesus war und deswegen ließ ich es zu.

In der Folgezeit stellte ich dann erstaunt fest, daß die seitliche Verschiebung meiner Wirbelsäule weg war und ich wieder schmerzfrei gerade stehen konnte. Es ist ein sehr ungewohntes, aber schönes Gefühl, nach 30 Jahren nicht mehr krumm zu stehen.

Ich habe die Heilungskraft Gottes auf eine ungewöhnliche Art und im hohen Alter erlebt.

Gott sei Dank ist das Alter für Jesus kein Hinderungsgrund zum Handeln.

Gerissene Fingersehne geheilt!
Operation wurde überflüssig

Eine junge Frau erzählt:
Ich wurde in meiner Nachbarschaft von einem angetrunkenen Jugendlichen angegriffen und an der Hand verletzt. Ich konnte meinen linken Ringfinger nicht mehr bewegen. Ich ging deswegen zum Arzt und nach einer ausgiebigen Untersuchung stellte er fest, daß die Sehne gerissen war und dies operiert werden müsse, damit der Finger nicht steif bliebe. Dazu müsse jedoch erst abgewartet werden, bis die enorme Schwellung abgeklungen sei. Ich bekam einen festen Verband.

Im Gottesdienst kam der Pastor auf mich zu und fragte mich, was geschehen sei. Ich erzählte ihm alles und noch vor dem eigentlichen Gottesdienst betete er mit mir und gebot der Sehne im Namen Jesus wieder zusammen zu wachsen.

In der Woche darauf war ich wieder im Gottesdienst, den Verband hatte ich abnehmen können, die Schwellung war total weg. Der Finger war völlig schmerzfrei und voll funktionstüchtig. Die Sehne war wieder ok, der Arzt stand vor einem Rätsel.

Eine Operation hatte sich erübrigt, weil Gott mich geheilt hatte.

Immunsystem spielt verrückt
es versucht die gesamte Körpermuskulatur abzustoßen und verliert gegen Jesus

Report:
Am Sonntag, 04.11.2012, in den frühen Morgenstunden wurde ein 47-jähriger Mann aus unserer Gemeinde notfallmäßig ins Krankenhaus eingeliefert.
Er konnte sich nahezu nicht mehr bewegen, hatte keinerlei Kraft mehr in den Gliedern. Selbstständig konnte er keinen Fuß mehr heben, geschweige denn ein Glas Wasser halten oder eine Flasche mit Drehverschluß öffnen.

Die Ärzte, die sich gleich um ihn kümmerten stellten fest, daß sein Immunsystem einen "Schaltfehler" hatte. Das Immunsystem bekämpfte plötzlich seine Muskulatur. Alle Muskeln waren entzündet, die Schmerzen entsprechend unerträglich hoch. Den Grund dafür wußten die Ärzte nicht.

Seine Frau teilte uns die kritische Situation am Sonntag Morgen im Gottesdienst mit. Am frühen Nachmittag fuhren Andra und ich zu ihm ins Krankenhaus. Er bestätigte noch einmal die Diagnose der Ärzte und daß diese erst die letzten Laboruntersuchungen abwarten müßten, um eine mögliche Therapie ansetzen zu können. Aber vermutlich würde es auf eine starke Cortisonbehandlung hinauslaufen mit ungewissem Ausgang hinsichtlich der späteren Bewegungsfähigkeit.

Wir beteten für ihn unter Handauflegung und befahlen dieser Krankheit im Namen Jesus zu verschwinden und befahlen völlige Wiederherstellung und normale Funktion für das Immunsystem.

Nach ca. 2 Minuten kehrte Kraft in seine Glieder zurück, so daß er vor unseren Augen wieder eine volle Mineralwasserflasche halten konnte. Er hob die Beine und winkelte sie ab. Auch das hatte er vor dem Gebet nicht gekonnt.

Preis sei Gott.

Die Schmerzen waren weniger geworden, er war aber noch nicht ganz fit. Dies folgte in den Stunden danach.

Am Sonntag darauf war er wieder im Gottesdienst und gab Bericht darüber, daß ihn die Ärzte entlassen hatten, weil sie nichts mehr feststellen konnten.
Die Gegenproben und Tests waren völlig neutral. Die Ärzte konnten es sich nicht erklären.

Ach ja - und am Samstag hatte er bereits wieder Holz gemacht. Die Kraft war wieder 100 % da.

Jesus ist so gut und in SEINEM Namen ist Macht über Krankheit.

„Heilungsgebet" ?

Heilungsgebet ist eigentlich ein Befehl

An der Stelle möchte ich etwas Wichtiges erklären.
Wir sprechen von Heilungsgebet zwecks dem besseren Verständnis. Mit diesem Begriff können auch die Menschen etwas anfangen.

Aber eigentlich ist es kein Heilungsgebet, sondern ein Befehl.
Weil Gebet ist Reden mit Gott und zuhören.
Wir beten nicht um Heilung, sondern wir sprechen oder befehlen zu dem Problem, weil Jesus es so gelehrt hat.
Wir befehlen in dem Fall nicht Gott (wie könnten wir?), sondern dem „Berg"!

Wahrlich, ich sage euch:
Wer zu diesem Berge **spräche***:*
Heb dich und wirf dich ins Meer!,
und zweifelte nicht in seinem Herzen,
sondern glaubte, daß geschehen werde,
was er sagt, so wird's ihm geschehen.
Markus 11 / 23

Petrus aber **sprach***:*
Silber und Gold habe ich nicht; was ich aber habe,
das gebe ich dir:
Im Namen Jesu Christi von Nazareth
steh auf und geh umher!
Und er ergriff ihn bei der rechten Hand und richtete ihn auf.
Sogleich wurden seine Füße und Knöchel fest,
er sprang auf, konnte gehen und stehen
und ging mit ihnen in den Tempel,
lief und sprang umher und lobte Gott.
Apostelgeschichte 3 / 6 - 8

Es gibt noch viele ähnliche Bibelstellen. Beachte bitte, daß hier **nicht** gebetet wurde. Es wurde Gott im Himmel **nicht** angefleht etwas zu tun.

Jesus sagte: Wenn ihr nicht zweifelt, sondern glaubt und zu diesem Berg (= Problem, Krankheit …) **sprecht …**!

Petrus betete **nicht**: „Ach Jesus im Himmel, ich weiß daß Du heilen kannst. Sieh diesen armen Kerl an. Erbarme Dich seiner und mach ihn doch bitte gesund, wenn Du willst."

Nein!!!!!!!!!!!!

Er sprach, energisch, begeistert und voller Überzeugung. Er war sich bewußt, was Jesus ihn gelehrt hatte. Er kannte den Willen Gottes. Er war selbst Augenzeuge von unzähligen Heilungen und anderen Wundern. Es gab für ihn keinen Zweifel.
Er sollte es in dieser Art tun.

Er war nicht abgelenkt oder irritiert von der Frage:
- Ist es Gottes Wille?
- Ist es mein Auftrag, hier und jetzt?
- Ist er immer noch gelähmt, weil er die Lektion, die Gott ihn lehren will, immer noch nicht gelernt hat?
- Was ist, wenn nix passiert?
- Blamieren wir nicht uns und auch Jesus in aller Öffentlichkeit?

Ich will es kurz erklären.

Eine Frage der Autorität

Ich habe es im Zusammenhang mit dem Bericht über die Heuschnupfen-Geschichte und der Sonnen-Ski-Sache erklärt. Es geht darum, daß ich verstanden hatte, was das Wort Gottes explizit erklärt.

>Ich habe Autorität von Jesus erhalten,
>um in seinem Namen zu handeln.

Das heißt, ich weiß was Jesus will, welche Mittel zur Verfügung stehen und was ich darf und nicht.
Das ist Verständnis von Autorität und Glaube. Gott beim Wort nehmen, weil ER es gesagt und gemeint hat.
Ich handle als Bevollmächtigter im Namen und der Kraft dessen, der mich beauftragt hat.

Ich möchte es an meinem Polizeiberuf verdeutlichen.
Der Staat hat mich in ein Dienstverhältnis genommen und mich dazu ausgebildet, um in seinem Auftrag für Recht und Ordnung zu sorgen. Er verwendet viel Geld und Zeit, um mich gut zu trainieren, bevor ich auf die Straße entlassen werde. Ich bekomme einen Dienstausweis, der mich legitimiert und mich als Handlungsbevollmächtigten im Rahmen der Gesetze ausweist. Er stellt alles zur Verfügung, was ich dazu brauche. Uniform, Waffe, Streifenwagen, Computer, Papier, mein Gehalt, usw.

Solange ich im Rahmen der Bevollmächtigung handle, steht der Staat als Auftraggeber voll zu mir und tritt für mich und mein Handeln auch juristisch ein. Er schützt mich.

Soweit alles klar.

Ein falsches Verständnis wäre jedoch, wenn ich zum Beispiel bei einem einfachen Falschparker den Innenminister anrufen und ihn bitten würde, den frechen Autofahrer zu verwarnen.

Der Innenminister (wahrscheinlich sehr begeistert) würde mir antworten: Das ist Ihr Job, dafür habe ich Sie autorisiert.

Genauso ist es im Glauben.
Jesus hat uns autorisiert, in seinem Namen Dinge zu tun. Zu den Problemen und Krankheiten zu sprechen, um es zu ändern.

Hier nochmal zwei biblische Belege.

Danach setzte der Herr weitere zweiundsiebzig Jünger ein und sandte sie je zwei und zwei vor sich her in alle Städte und Orte, wohin er gehen wollte ... (und beauftragte und bevollmächtigte sie) ... und heilt die Kranken, die dort sind, und sagt ihnen: Das Reich Gottes ist nahe zu euch gekommen.
Lukas 10 / 1 + 9

Seht, ich (Jesus) habe euch (Voll-) Macht gegeben, zu treten auf Schlangen und Skorpione und (Voll-) Macht über alle Gewalt des Feindes; und nichts wird euch schaden.
Lukas 10 / 19

Und genau das taten die Jünger auch.
- Sie empfingen den Auftrag,
- sie bekamen Autorität
- sie sollten im Namen Jesu handeln
- sie bekamen Kraft dazu
- und es funktionierte!

Je mehr ich mich damit beschäftige, verstehe und es einsetze, desto mehr geschieht. Ich sehe in meinem Leben eine stetig wachsende Anzahl von Heilungen und Wundern.

Meiner Frau geht es genauso.

Wir werden oft von Christen konfrontiert, die uns sagen, daß wir das so nicht sehen könnten und ob denn überhaupt jeder gesund würde? Was ist mit denen, die nicht gesund würden? Unsere Antwort ist meistens recht einfach.

Wir können es so sehen, weil Jesus es auch so sieht.

und

**Momentan wird noch nicht jeder gesund,
aber immer mehr.
Besser einer gesund als keiner.**

Was nützt dem, der gerade Schmerzen hat, eine spitzfindige theologische Diskussion. Das bringt ihm keine Linderung oder Heilung. Jesus stand in der gleichen Auseinandersetzung mit den Schriftgelehrten und Pharisäern seiner Zeit. Seine Kommentare dazu waren deutlich – sehr deutlich. Jesus ließ sie stehen, drehte sich herum und heilte und befreite die Menschen.

Es gibt viele Bücher, die beschreiben, daß es heute keine Wunder mehr gibt, daß wir die Kraftwirkungen des Heiligen Geistes nicht mehr brauchen, daß nicht jeder Christ dazu berufen ist und viele Argumente mehr.
Keine Ahnung, wie die Leute auf so was kommen.

Für mich, bitte schön - für mich persönlich, ist diese Art von Büchern das Papier nicht wert, auf dem sie gedruckt sind. Aber bekanntlich ist ja Papier geduldig.

Deswegen gleich wieder ein Hammerbericht von einer unserer zurückliegenden Missionsreisen nach Argentinien.

Anschnallen – Festhalten – weiter geht's:

Hier kannst Du Dir wieder Notizen zu dem bisher Gelesenen machen, um es später tiefer zu beleuchten.

Heilungsberichte Teil 2

Querschnittslähmung geheilt
junger Rollstuhlfahrer springt wieder umher und viele weitere Heilungen

Report:
Im April 2012 waren Andra und ich auf einer Predigtreise in La Plata / Argentinien. Am Sonntag, 29.04.2012 predigte ich im Club Atenas, einer großen Sporthalle, in der sich die Gemeinde "Un Estilo de Vida" sonntags zum Gottesdienst trifft. Die eigenen Gemeinderäume fassen die zur Zeit 2500 Mitglieder nicht mehr und jede Woche werden es mehr.

Ich predigte über Jesus, wie ER den Menschen begegnet war und wie ER sie heilte. Ich demonstrierte dies während der Predigt bei verschiedenen Leuten und sie wurden sofort gesund. Plötzlich stand ich vor einem jungen Rollstuhlfahrer, vielleicht 16 oder 18 Jahre alt.

Mamma mia! Was jetzt? Meine Gedanken rasten. Ausgerechnet ein Rollstuhlfahrer und ungefähr 2000 Leute schauten mich erwartungsvoll an.
Hilfe! Gott! – hätte es nicht eine Person mit Kopfweh sein können? Aber Glaube heißt handeln und vertrauen. Also Augen zu – äh - auf und durch.

Ich fragte ihn über das Mikrofon, so daß es die ganze Halle hören konnte, was sein Problem sei und er schilderte, daß er in einer „Street-Gang" war und in eine Schießerei verwickelt worden war. Er habe fünf Kugeln in seine Wirbelsäule bekommen, die inoperabel waren, und immer noch drin steckten.
Er war ab der Hüfte querschnittsgelähmt. Er hatte keinerlei Gefühl in den Beinen und konnte sie nicht einen Millimeter bewegen.

Jesus zeigte mir das Wort aus der Apostelgeschichte, wo Petrus und Johannes den gelähmten Mann an der „Schönen Pforte" des Tempels heilten. Sie gaben ihm die Hand und zogen ihn im Namen Jesu hoch. Du kannst das gerne selbst nachlesen, in der Apostelgeschichte, Kapitel 3, 1 – 25.

Ich tat kühn das Gleiche, nichts passierte. Mit zwei Helfern hob ich den jungen Mann aus dem Rollstuhl und wir stellten ihn auf die Beine, er konnte sich nicht halten. Wir schleppten ihn ein Stück, da er aber keinerlei Reaktion in den Beinen zeigte, setzten wir ihn wieder in den Rollstuhl. Er strahlte mich mit begeisterten Gesicht an.

Ich empfing von Jesus für ihn ein prophetisches Wort, daß wenn wir im nächsten Jahr hierher zurückkehren würden, würde ich mit ihm durch den Club Atenas rennen. Er strahlte mich immer noch an, obwohl er aber offensichtlich keine Heilung erlebt hatte.

Ich dachte mir, ok – mal schau´n.

Ich rief Menschen dazu auf, ihr Leben Jesus zu übergeben und es IHM anzuvertrauen. Jesus wolle Menschen jetzt retten, ihnen die Sünden vergeben und ihnen ewiges Leben schenken. Bei diesem sogenannten Bekehrungsaufruf staunte ich nicht schlecht, als der junge Rollstuhlfahrer nach vorne gerollt kam und er freudestrahlend sein Leben Jesus gab.

Hallelujah - dies ist mehr wert als jede Heilung.

Ich (Jesus) sage euch:
So wird auch Freude im Himmel sein über "einen" Sünder,
der Buße tut, mehr als über neunundneunzig Gerechte,
die der Buße nicht bedürfen.
Lukas 15 / 7

Zwei Tage später flogen wir nach Brasilien weiter. Dort erreichte uns die Woche darauf eine email aus La Plata, in der uns mitgeteilt wurde, daß der junge Rollstuhlfahrer am Sonntag darauf wieder im Gottesdienst war.
Er gab öffentlich Bericht, daß er in der Woche nach dem Gottesdienst, wo ich für ihn gebetet hatte, wieder Gefühl in seinen Beinen spürte und er das rechte Bein schon etwas anheben könne.
Die Gemeinde brach darüber in großen Jubel aus.

Den Rest vom Jahr hörte ich nichts mehr von diesem Jungen. Als dann im November 2012 der Pastor der dortigen Gemeinde, Raul Reyes, bei uns in Bamberg zur Konferenz "Komm Heiliger Geist" zu Besuch war, kamen wir im Gespräch auf den Jungen und ich fragte ihn, was aus dem Rollstuhlfahrer geworden sei. Pastor Raul antwortete wie selbstverständlich, daß der Junge natürlich laufen würde und nun regelmäßig in der Gemeinde sei. Er ist komplett wieder hergestellt. Sie hatten einfach vergessen, uns zu informieren.

Diesmal brach der laute Jubel bei uns in der Gemeinde aus.
Gott hatte diesen Jungen nicht nur gerettet, sondern auch komplett geheilt.

Ein Jahr später waren wir wieder in La Plata. Wieder Gottesdienst im Club Atenas. Ich war schon ganz gespannt auf die Begegnung mit dem jungen Mann. Ich erinnerte mich an mein Versprechen und war vorbereitet. Ich wollte ihn interviewen und auf Video aufnehmen, weil es so unglaublich war. Ich fragte in die große Menschenmenge, wo er sei und daß er zu mir nach vorne kommen solle. Ich konnte mich nicht an sein Gesicht erinnern, geschweige denn, wußte ich seinen Namen. Also rief ich ihn öffentlich heraus. Niemand kam.
Ein junger Mann meldete sich und gab an, ein Freund von dem Geheilten zu sein. Dieser sei heute leider nicht da, er sei irgendwo unterwegs und hatte nicht an diesen Gottesdienst

gedacht. Aber es gehe ihm super, er renne umher und besucht die Gemeinde.
Schade – dachte ich, ausgerechnet heute ist er nicht da.
Ich hatte mich so darauf gefreut.

Aber is` Jesus nicht klasse? Fünf Kugeln im Rückgrat sind IHM ziemlich egal.

Dank und Ehre gehören Jesus für dieses gewaltige Wunder.

weitere Heilungen

Während unserer Predigtreise in Argentinien und Brasilien wurden noch viele Menschen geheilt. Wir predigten das Reich Gottes und SEINE Liebe und Gnade. Der Heilige Geist führte uns dahin, daß wir das Reich Gottes und seine Kraft predigen und demonstrieren sollten. So oft wir es taten, wurden Menschen gesund. Für Andra und mich war es ein neuer Level von Autorität und einer noch nie gekannten Leichtigkeit für Heilungen. Auch viele Errettungen von Menschen fanden statt, ebenso Befreiungen.

Nierensteine lösten sich auf
Wir waren zu einer Geburtstagsfeier eingeladen. Unter den zahlreichen Gästen war ein älterer Mann, der vor Schmerzen kaum noch sitzen oder stehen konnte. Er war zwar gekommen, krümmte sich jedoch nach einiger Zeit vor Schmerzen und der Schweiß stand ihm im Gesicht. Die Ursache waren mehrere diagnostizierte große Nierensteine, wie er erzählte.
Ich befahl im Namen Jesu, daß sie sich auflösen sollten.
Nach wenigen Minuten ging er zur Toilette und spürte und sah beim Wasserlassen, wie sich die aufgelösten Nierensteine ausschwemmten. Er konnte es in der Porzellanschüssel klappern hören. Danach war er schmerzfrei und feierte begeistert mit.

Jahrelange Schmerzen verschwinden
Eine Frau hatte seit Jahren heftige Körperschmerzen, keiner der vielen Ärzte, die sie konsultiert hatte, fand eine Ursache, geschweige denn eine Therapie. Nach dem Gebet fiel sie unter der Kraft Gottes um. Als sie nach einiger Zeit wieder aufstand und ich sie fragte, wie sich sich fühle, sagte sie, daß sie sich "spektakulär" fühle. Auch einige Tage danach waren keine Schmerzen mehr da, sie konnte wieder durchschlafen.

Verkrümmte Hände wieder funktiontüchtig
Ein ältere Frau hatte dermaßen Arthritis in den Händen, daß sie die verkrümmten Finger nicht mehr auf bekam. Die ganze Gemeinde kannte die Frau und half ihr in den täglichen Verrichtungen, weil sie es nicht mehr konnte. Ich sprach diese Arthritis gezielt an und befahl ihr im Namen Jesu diese Frau sofort zu verlassen. Sie wurde augenblicklich geheilt und demonstrierte es gleich der ganzen Gemeinde. Sie streckte beide Hände empor und streckte die Finger und bewegte sie wie wild.

Heilungen ohne Ende
Kaputte Kniegelenke, Schmerzen aller Art, Arthritis in Gelenken und Schultern/Nacken, krumme Wirbelsäulen, kaputte Bandscheiben und vieles mehr wurden in den fünf Wochen unserer Reise und den Gottesdiensten geheilt. Es war begeisternd zu sehen, was Jesus alles tat.

Weißt Du, wenn mir einer sagt, daß es das heute nicht mehr gibt, dann denke ich, ich bin im falschen Film!

Es geschieht jeden Tag auf der ganzen Welt, auch hier in Deutschland und Bamberg. Überall wo Christen der unterschiedlichsten Couleur anfangen, in der Kraft des Heiligen Geistes und im Namen Jesu zu beten, geschehen Errettungen, Heilungen, Befreiungen und andere Wunder.

Das ist völlig normal – oder sollte es zumindest sein.

Nesselsucht geheilt / Knochen gewachsen !
Unheilbares wird doch geheilt

Eine Frau mittleren Alters erzählt:
Seit Jahren hatte ich Nesselsucht. Das war sehr schmerzhaft und wirklich nervend. Ich sah aus, als ob ich durchgepeitscht worden wäre. Überall auf der Haut zeigten sich Striemen, die sich anfühlten, als ob unten drunter kleine Käfer fressen würden. Es juckte wie verrückt und ich kratzte mich oft blutig. Der Arzt sagte, daß ich damit leben müsse, die Nesselsucht sei nicht heilbar und wenig erforscht. Ich bekam eine starke Cortisonsalbe, um das Schlimmste zu lindern.

In einem der zurückliegenden Gottesdienste wurde für mich gebetet und seitdem ist die Nesselsucht verschwunden. Mein Arzt kann es gar nicht fassen.

Ich hatte auch noch ein anderes Problem. Durch eine große Operation am Oberschenkel wurde damals der Knochen durchgesägt, es fehlten letztlich 2 cm Knochen. Ich hatte ein zu kurzes Bein mit allen Nebenwirkungen, wie Schmerzen im Rücken, dem Lendenwirbelbereich usw. Ich mußte Schuhsohlenerhöhung an dem einen Fuß tragen, um die Differenz auszugleichen.

Im Gottesdienst betete eine Frau aus der Gemeinde mit mir, nachdem wir in der Predigt von der Vollmacht der Gläubigen gehört hatten. Sie setzte es gleich um und befahl dem Knochen zu wachsen, was dieser auch gleich tat.
Jetzt habe ich wieder zwei gleichlange Beine, die Schuhsohlenerhöhung kann ich wegtun.

Gott sei Ehre dafür. Was für Menschen unmöglich ist, ist bei Gott möglich.

Das Ende eines Alkoholikers
Jesus macht frei !

Bericht eines Mannes (43 Jahre):
Ich bin in der ehemaligen UDSSR aufgewachsen, hatte Musik studiert und arbeitete als Schlagzeuger in einer Hardrockband, spielte natürlich auch zu allen anderen Anlässen, ich verdiente auch relativ gut damit und der Alkohol floß in Strömen. Ich war verheiratet, hatte zwei Kinder und alles lief zunächst gut.
Bis ich feststellte, daß ich mehr und mehr Alkohol trank, denn den gab es bei uns in rauen Mengen. Affären, Exzesse und vor allem der Alkohol führten letztlich dazu, daß ich alkoholabhängig wurde, meine Ehe zu Bruch ging und alles den Bach runterging.

Ich siedelte schließlich mit meiner Mutter und meinem Bruder nach Deutschland über, bekam eine kleine Wohnung und eine Arbeit als Fabrikarbeiter. Der Alkohol ließ mich aber nicht mehr aus seinen Klauen. Ich war mittlerweile geschieden, meine Kinder blieben bei meiner Frau.

Ich lernte durch Freunde Jesus kennen, hörte, daß er der Sohn Gottes sei und er mir meine Sünde vergeben wolle. Ich entschied mich, mein kaputtes Leben in die Hand Jesu zu geben, betete um Vergebung und bat Jesus, mich vom Alkohol frei zu machen.

Mittlerweile besuchte ich auch die Gemeinde, dort traf ich Menschen, die für mich beteten, mich stützten und mir zeigten, daß ich trotz Sucht wertvoll für Jesus war und nicht aufgeben solle. Jesus würde mir helfen.

Es gab noch einmal einen ganz dramatischen Zwischenfall, wo ich merkte, daß mein Leben auf der Kippe stand. Ich stand an einem finalen Wendepunkt. Durch den Alkohol sterben oder durch Jesus freiwerden und leben. Es blieb mir nur die Wahl, mein Leben aufzugeben oder mich ganz auf Gott zu verlassen.

Mitten in der Nacht, so gegen Mitternacht, war ich voll auf einem Horrortrip. Es war schrecklich. Ich sah und spürte die Dämonen, die mich verhöhnten und sagten, daß sie mich umbringen würden.

Ich schrie zu Jesus und bekam plötzlich den Impuls, „Ruf Deinen Pastor an!" Na prima, nach Mitternacht. Ich wußte, daß der Pastor einen Anrufbeantworter im Büro hatte und mich jetzt vermutlich nicht hören würde. Ich rief trotzdem an in der Hoffnung, ihn zu erreichen.
Das schier Unglaubliche geschah. Er ging ans Telefon, hörte kurz zu und war 15 Minuten später bei mir. Er betete mit mir und befahl diesem Quälgeist Alkohol, mein Leben zu verlassen. Ich merkte, wie etwas Dunkles, Böses meinen Körper und Geist verließ.

Das ist jetzt ein paar Jahre her und ich bin bis heute frei, mein Leben hat sich total verändert.
Ich wurde ohne Entzug, ohne REHA und ohne körperliche Entzugserscheinungen durch Jesus frei.

Mein Leben gehört ihm und ich erzähle, wo es geht, von seiner befreienden und wiederherstellenden Kraft.
Der Alkoholiker in mir ist tot, aber Jesus hat mich lebendig gemacht.

Dämonen fliehen

Jesus ist stärker als Dämonen

Der Auftrag Jesu an seine Jünger lautete unter anderem:
„heilt die Kranken, treibt Dämonen aus."

Nun, das gehört zusammen.
Dämonen sind nach Aussage der Bibel böse Geistwesen, die dem Satan unterstehen und die Aufgabe haben, Menschen von Jesus fern zu halten und ihr Leben kaputt zu machen.

Jesus hat sie am Kreuz besiegt, hat sie aller ihrer Macht entkleidet und sie öffentlich zur Schau gestellt.

Er hat die Mächte und Gewalten ihrer Macht entkleidet
und sie öffentlich zur Schau gestellt
und hat einen Triumph aus ihnen gemacht in Christus.
Kolosser 2 / 15

Hier nimmt der Apostel Paulus, der das geschrieben hatte, Bezug auf einen damals üblichen Brauch der Römer. Nach einem siegreichen Feldzug zog der römische Feldherr in einem Triumphzug in eine Stadt ein. Hinter ihm, in Ketten, mußten die besiegten Feinde laufen. Allen voran der besiegte König und seine ehemals Mächtigen. Und zwar nackt! Jedes Zeichen von Macht und Würde und Erhabenheit war ihnen abgenommen worden und man demütigte sie auf diese Art. Man stellte sie zur Schau wie Zirkusaffen. Man demonstrierte dem Volk, wer der Stärkere sei und daß die Macht und Gewalt des Anderen beendet ist.

Es war ein Volksfest, ein triumphaler Zug. Meistens wurden die besiegten Feinde von der Volksmenge mit Unrat, Kot und anderen unschönen Dingen beworfen.

Dieses Bild verwendet Paulus, um klar heraus zu stellen, was am Kreuz durch Jesus passierte. Ein triumphaler Sieg Jesu über den Satan und seine Spießgesellen. Jesus führt sie vor, um zu zeigen, daß die Macht des Teufels beendet ist.

Deswegen können die Nachfolger Jesu auch Autorität über Dämonen nehmen und diese müssen, ich betone – müssen, gehorchen. Die Macht Jesu ist vieltausend Mal größer als die des Satans. Er ist besiegt. Hallelujah!

Dieses Bild ist auch eine interessante und auferbauende Vorstellung, wenn man es mit „Mächten des Teufels" zu tun bekommt.

An der Stelle sei erwähnt, daß nicht jeder, der vom Teufel geplagt wird, gleich besessen ist. Wenn man von dieser Thematik hört, denkt man gleich an die Filme „Der Exorzist" oder „Rosemaries Baby" und andere Horrorfilme.

Ein dreckiger Mantel

Besessen ist meiner Meinung nach einer, der nicht mehr Herr seiner selbst ist, sondern wirklich fremdgesteuert ist. Auch hier ist die Kraft Jesu immer stärker und siegreich.
Die meisten Menschen, die mit Dämonen zu tun haben, leiden unter den negativen Einflüssen der Dämonen, was sich in Abhängigkeiten, Verhaltensmustern oder ähnlichen Auswirkungen zeigt. Aber sie sind normalerweise Herr ihrer Sinne.

Ich vergleiche diese Einflüsse gerne mit einem alten, stinkenden Mantel, der dem Menschen von den Dämonen umgelegt wird. Dieser Drecksmantel ist die Grundlage und Ausgangsbasis für ihre zerstörerischen Aktivitäten. Durch den Befehl im Namen Jesus, eventuell Buße über bestimmte Sünden die damit zusammenhängen, und verändertem, nachhaltigem Verhalten, müssen sich die Dämonen beugen und sich mitsamt ihres dreckigen Mantels vom Acker machen.

Dieser stinkende Mantel und seine Dämonen kommen auf das Leben der Personen, die sich mit den falschen Dingen beschäftigen und ihre Seele für diese Dinge öffnen. Das geht von okkulten Praktiken über Horrorfilme, bestimmte Musik oder Literatur bis hin zu ganz unscheinbaren, alltäglichen Dingen. Man liest Horoskope nur so zum Spaß, weil man angeblich ja sowieso nicht dran glaubt.
Lügen, stehlen, betrügen und vieles mehr öffnet die Türen der Seele und des Lebens für negative Kräfte.
Drogen sind ein besonders leichtes Einfallstor, weil Drogen direkt die Psyche angreifen und ich habe so oft bei Menschen erlebt, daß schon nach geringem Konsum die Auswirkungen da sind.

Die heutige Gesellschaft verneint die Existenz von Dämonen und sucht die Erklärung in biologischen/psychischen Gründen. Manches ist damit auch erklärbar und heilbar, aber vieles eben auch nicht.

Je mehr sich die Gesellschaft von Gott und seinem Wort entfernt, je mehr nehmen die psychischen Krankheiten und desaströsen Zustände bei den Menschen und der Gesellschaft zu. Das sollte uns zu denken geben. Auffallend ist auch, daß mehr und mehr Filme mit dämonischen Szenen arbeiten, obwohl es diese Mächte eigentlich gar nicht gibt. Selbst in der katholischen Kirche gibt es den Bereich des Exorzismus, der in vielen Ländern heute noch praktiziert wird.

The real Ghost-Busters

Von daher ist es nicht verwunderlich, daß Jesus seine Jünger bevollmächtigte, diese Dämonen aus dem Leben von Menschen auszutreiben (die gehen nämlich nicht mehr freiwillig) und siehe da – es funktionierte.

Er (Jesus) rief aber die Zwölf (Jünger) zusammen
*und gab ihnen Gewalt und Macht über **alle bösen Geister***
und daß sie Krankheiten heilen konnten
und sandte sie aus, zu predigen das Reich Gottes
und die Kranken zu heilen.
Lukas 9 / 1+2

Das Gleiche tat Jesus auch mit 72 anderen Nachfolgern.

Danach setzte der Herr weitere zweiundsiebzig Jünger ein
und sandte sie je zwei und zwei vor sich her
in alle Städte und Orte, wohin er gehen wollte ...
Lukas 10 / 1

Die Zweiundsiebzig aber kamen zurück voll Freude
und sprachen: Herr,
*auch **die bösen Geister sind uns untertan** in deinem Namen.*
Lukas 10 / 17

Wow! Was für Aussagen.

Erinnere Dich daran, ich möchte Dich ermutigen das Wort Gottes ernst zu nehmen und Dich herausfordern ein „Real Ghost Buster" für Jesus zu werden.

Befreiungsberichte:

Report:

Albträume
Eines Tages kam eine junge Frau zu uns und bat um Hilfe, weil sie fürchterliche Albträume hatte. Sie sah häßliche Fratzen im Traum, spürte volle Bedrückung und Lebensangst. Wir beteten zunächst um Erkenntnis, wo diese Dinge herkamen. Denn Dämonen brauchen eine Eingangstür in das Leben von Menschen. Die Frau erzählte uns dann, daß ihr Freund leidenschaftlich Horrorfilme anschaue und sie mehr oder weniger nötige, diese mit ihm anzuschauen. Sie tat es ihm zuliebe, hatte aber eigentlich eine Abscheu vor diesen Filmen.
Wir leiteten sie zur Buße über diese Sache und befahlen dann diesen Mächten, ihr Leben im Namen Jesu zu verlassen.

Sofort merkte sie, wie etwas Bösartiges sie verließ. Von diesem Moment an hatte sie nie wieder Albträume. Sie schaute auch keine Horrorfilme mehr.
Jesus macht frei!

3-jähriger Junge gewinnt
Da fällt mir gerade noch eine fantastische Begebenheit ein.
Wir waren zu Besuch bei gläubigen Freunden, hatten zu Abend gegessen und der circa 3-jährige Sohn wurde zu Bett gebracht. Nach kurzer Zeit kam er völlig aufgelöst und weinend nach unten. Als seine Mutter ihn fragte, was denn los sei, sagte er schluchzend: „Da ist so ein böses Ding in meinem Zimmer und macht mir Angst." Wir sprachen mit ihm und konnten ihn beruhigen. Da er bereits von Jesus wußte, erklärten wir ihm die Macht des Namens Jesu und daß er das böse Ding wegschicken solle, falls es wieder käme.

Wir sagten es ihm vor: „Du böses Ding – verschwinde im Namen Jesus!" Ganz simpel, kindgerecht und wirkungsvoll.

Freudestrahlend rauschte er wieder ab nach oben in sein Zimmer. Wir hörten eine Weile nichts mehr von ihm und dachten, daß die Sache erledigt sei. Plötzlich kam er erneut herunter ins Wohnzimmer und sagte entrüstet: „Das Ding ist wieder da, aber ich habe vergessen, was ich sagen muß."
Wir erklärten es ihm erneut. Wieder stieg er hochmotiviert nach oben in sein Zimmer. Wir hörten den ganzen Abend nichts mehr von ihm.

Am nächsten Tag trafen wir erneut seine Mutter und fragten, ob der Junge nachts noch einmal gekommen sei. Seine Mutter erzählte uns, daß er die ganze Nacht in seinem Zimmer gewesen sei. Als er früh kam, fragte sie ihn nach dem „bösen Ding". Er erzählte fröhlich, daß nachdem er das zweite Mal wieder heraufkam, das „böse Ding" immer noch da war. Er sagte laut, was wir ihm gesagt hatten. „Du böses Ding – verschwinde im Namen Jesus!". Sofort verschwand es und kehrte nicht mehr zurück.

Ein kleiner Junge gebrauchte im Vertrauen den Namen Jesus und hatte Ruhe.

Das haben wir oft erlebt. Kindliches Vertrauen und biblisches Handeln brachte biblische Ergebnisse hervor. Nicht umsonst hat Jesus des öfteren Kinder als Vorzeigebeispiel genommen. Wenn ihr nicht werdet wie die Kinder ...

und (Jesus) sprach: Wahrlich, ich sage euch:
Wenn ihr nicht umkehrt und werdet wie die Kinder,
so werdet ihr nicht ins Himmelreich kommen.
Matthäus 18 / 3

Nicht gemeint ist „kindisch werden", sondern kindliches Vertrauen.
Keine Ahnung von irgendwas, aber kühn losgegangen, weil Papa ja da ist und alles unter Kontrolle hat. Und überhaupt is`mein Papa sowieso der stärkste und kann alles.

Umkehren von was? Von dem, was uns oft selbst im Weg steht und uns für das Reich Gottes und seine Prinzipien blockiert.
Wir brauchen für alles eine logische und wissenschaftliche Erklärung, einen Grund für irgendwas und vieles mehr.

Wie verschieden sind da Kinder. „Papa hat`s gesagt, also stimmt`s und ich verlaß`mich drauf!"

Stimmt`s? Hast Du das schon mal bei Kindern so erlebt? Bestimmt. Was für eine Aussage – und genau deswegen nimmt Jesus die Kinder als Beispiel.

Und genau deswegen hatte ich Gott bei seinem Wort genommen, weil ER es so gesagt hatte und auch so gemeint hatte. Deswegen begann ich diese spannende Reise ins Glaubens – Abenteuerland.
Komm mit!

Stärker als gedacht
Wir waren in einem Gottesdienst bei unserer befreundeten Gemeinde in La Plata / Argentinien. In der Zeit nach der Verkündigung, in der wir den Menschen mit Gebet dienten, sah ich einen jungen Mann, der völlig desinteressiert an der Wand lehnte, während um ihn herum Heilungen geschahen und Menschen unter der Kraft Gottes umfielen, jubelten, vor Freude weinten und vieles mehr.
Eine Frau kam zu mir und bat mich für diesen jungen Mann zu beten, es sei ihr Sohn.

Ich ging zu ihm und fragte ihn, ob es in Ordnung sei, daß ich für ihn bete. Er zuckte gelangweilt mit den Schultern und schaute mich mit seltsam dunklen Augen an. Seine Augenfarbe war in diesem Moment fast schwarz.

Ich schaute mir den Kameraden genauer an. Er war ziemlich verwahrlost, er roch nach Alkohol und Marihuana. Seine gesamte Erscheinung war so, daß ich wußte, er kennt Jesus bestimmt noch nicht und ist voll abhängig und momentan „stoned".

Ich betete kurz im Stillen und fragte: Herr was soll ich machen – der Junge braucht Hilfe!
Jesus sagte, „ leg ihm kurz die Hand auf die Schulter und dann überlaß´ ihn mir."

Da ich sein Schulterzucken als eine Gebetszustimmung interpretierte, legte ich ihm meine Hand auf die Schulter und sagte" Jesus, bitte zeig ihm Deine Liebe und Macht!"

Dann trat ich zurück und wartete. Er stand da und rührte sich gar nicht mehr. Er war wie vom Blitz getroffen. Plötzlich fing er an zu zittern, schwitzte aus allen Poren und konnte kaum mehr stehen. Dann fing er an zu Schreien, wie ich es noch nie gehört hatte. Es war ein unmenschliches Schreien.

In dem Moment wußte ich, daß sich Dämonen manifestierten, weil sie mit Jesus zusammentrafen.
Er wurde wild, fuchtelte wie verrückt mit den Armen, schlug um sich, hatte Schaum vor dem Mund und stürzte wild um sich schlagend zu Boden. Die ganze Zeit schrie er.

Er wurde von einigen Ordnern aus der Gemeinde gepackt und aus der Menge gezogen. Vier oder fünf Ordner konnten ihn fast nicht halten. Sie brachten ihn in einen Nebenraum, wo sie ihn in kurzer Zeit von den Dämonen freisetzten.

Er gab Jesus sein Leben, nahm IHN als Retter und Befreier an und war normal. Ich staunte über Jesus, wie ER das gemacht hatte. Keine Macht ist stärker als Jesus.

Dieses Erlebnis erinnerte mich an Berichte aus dem Neuen Testament, wo es heißt:

Und sie gingen hinein nach Kapernaum;
und alsbald am Sabbat ging er in die Synagoge und lehrte.
Und sie entsetzten sich über seine Lehre;
denn er lehrte mit Vollmacht
und nicht wie die Schriftgelehrten.
Und da war in ihrer Synagoge ein Mensch,
besessen von einem unreinen Geist; der schrie:
Was willst du von uns, Jesus von Nazareth?
Du bist gekommen, uns zu vernichten.
Ich weiß, wer du bist: der Heilige Gottes!
Und Jesus bedrohte ihn und sprach:
Verstumme und fahre aus von ihm!
Und der unreine Geist riss ihn (umher)
und schrie laut
und fuhr aus von ihm.
Markus 1 / 21 - 26

Jesus hat alle Macht und die Dämonen zittern vor dem Namen Jesus.

Ich weiß nicht, ob und wo Du vielleicht in Abhängigkeiten und Gebundenheiten steckst, aber Jesus will Dich frei machen. Dafür ist er ans Kreuz und hat sich umbringen lassen, damit Du leben kannst. Egal was es ist: Alkohol, Drogen, Ängste, Phobien, es gibt nichts, was Jesus nicht anpackt und beendet. Nichts ist zu hartnäckig, zu stark, zu lange schon vorhanden, als daß es der Power Jesu standhalten könne.

Kaufsucht

Eine junge Frau kam vor einiger Zeit zu meiner Frau und gab zu, daß sie an Kaufsucht leide. Sie könne nicht widerstehen; wenn sie etwas Schönes im Katalog sähe, dann müsse sie das kaufen beziehungsweise bestellen. Ähnlich erginge es ihr in einem Laden. Sie wisse daß dies nicht normal sei, ihr ganzes Geld dadurch draufginge und sie nicht frei sei. Sie leide fürchterlich unter diesem Zustand.

Andra gebot Freiheit von dieser Gebundenheit im Namen Jesus. Die Frau spürte sofort eine Veränderung. Sie ging nach Hause, konnte das erste Mal seit vielen Jahren wieder Kataloge wegschmeißen und war und ist von diesem Moment an frei.

Jesus ist der absolute Kettenbrecher!

Ihr aber, liebe Brüder, (und liebe Schwestern)
seid zur Freiheit berufen...
Galater 5 / 13a

Zur Freiheit hat uns Christus befreit!
So steht nun fest und
lasst euch nicht wieder das Joch der Knechtschaft auflegen!
Galater 5 / 1

Da haben wir es schwarz auf weiß. Wir sollen frei sein und Jesus hat uns befreit. Die Voraussetzungen sind geschaffen, hole Dir diese Freiheit bei Jesus. Menschen erleben es jeden Tag – warum nicht auch Du!

Unkenntnis und Schweigen

Krankheiten statt Hoffnung

Es ist schon interessant Menschen zuzuhören. Im Bus, im Freibad, beim Einkaufen ect. Meistens erzählen sie von Krankheiten und tauschen sich aus. Es scheint völlig normal zu sein; man hat sich daran gewöhnt, man hat Gesprächsstoff, sie probieren alles aus, jede noch so verrückte Therapie. Kommt man jedoch ins Gespräch und sagt, daß Jesus heilen kann und ob ich beten dürfe, wird es oft als abwegig oder extrem abgelehnt.

An was liegt das?

Die Menschen glauben das, was sie oft genug hören. Sie werden beeinflußt von Werbung und persönlichen Erfahrungen, die sie miteinander austauschen. Man redet über das, was anscheinend geholfen hat und wovon der Einzelne überzeugt ist. Das ist die normale Ebene.

Die Kraft des Evangeliums ist in den letzten 1700 Jahren größtenteils verloren gegangen. Die erste Gemeinde lebte mit einer absoluten Gewißheit der Kraft Jesu und setzte dies zum Wohl der Menschen auch ein. Es geschahen so viele Heilungen und Wunder, daß ganze Landstriche davon hörten und die erstaunlichen Wunder sahen. Es erzeugte große Freude in der Bevölkerung.

Den nachfolgenden Bericht müßen wir uns mal auf der Zunge zergehen lassen! Da kommt ein Mann, verkündigt Jesus und das Reich Gottes in so einer Power, daß alle baff – danach begeistert sind und Jesus in ihrem Leben aufnehmen. Welche Veränderung bei den Menschen und der Gesellschaft.
Lies selbst und staune:

*Philippus aber kam hinab in die Hauptstadt Samariens
und predigte ihnen von Christus.
Und das Volk neigte sich einmütig dem zu,
was Philippus sagte,
als sie ihm **zuhörten** und die Zeichen **sahen, die er tat.**
Denn die unreinen Geister fuhren aus
mit großem Geschrei aus vielen Besessenen,
auch viele Gelähmte und Verkrüppelte
wurden gesund gemacht;
und es entstand **große Freude in dieser Stadt.**

Es war aber ein Mann mit Namen Simon,
der zuvor in der Stadt Zauberei trieb
und das Volk von Samaria in seinen Bann zog,
weil er vorgab, er wäre etwas Großes.
Und alle hingen ihm an,
Klein und Groß, und sprachen:
Dieser ist die Kraft Gottes, die die Große genannt wird.
Sie hingen ihm aber an,
weil er sie lange Zeit mit seiner Zauberei
in seinen Bann gezogen hatte.
Als sie aber **den Predigten** des Philippus
von dem Reich Gottes
und von dem **Namen Jesu Christi glaubten,**
ließen sich taufen Männer und Frauen.
Da wurde auch Simon gläubig
und ließ sich taufen und hielt sich zu Philippus.
Und als er die Zeichen und großen Taten **sah,
die geschahen,** geriet er außer sich vor Staunen.*
Apostelgeschichte 8 / 5 – 13

*Aber die **Kunde von ihm** (Jesus)
breitete sich immer weiter aus,
und es kam eine große Menge zusammen,
zu hören und **gesund zu werden** von ihren Krankheiten.*
Lukas 5 / 15

Was um Himmels willen ist passiert, daß wir das heute so nicht mehr kennen? Die Erklärungen sind vielschichtig und es würde ein ganzes Buch füllen, es darzulegen. Wie dem auch sei, Fakt ist, daß diese Dimension des Glaubens in dieser Kraft heute größtenteils nicht mehr bekannt ist. Wir reden nicht mehr öffentlich über unseren Glauben, nachdem mal ein Bundeskanzler meinte, „ das sei Privatsache und gehöre nicht in die Öffentlichkeit."

Gott sei Dank gibt es Kirchen, Gemeinden und Einzelne, die nicht aufgehört haben, das Wort Gottes zu glauben und die Kraft des Heiligen Geistes und die Macht und Autorität des Namens Jesus einzusetzen und darüber zu reden. Und mehr und mehr Wunder passieren, wie in biblischer Zeit.

Wir sollten wieder mehr darüber reden und bekanntmachen, daß sich Jesus nicht verändert hat.

Jesus Christus gestern und heute und derselbe auch in Ewigkeit.
Hebräer 13 / 8

*Wie sollen sie aber den (Jesus) anrufen,
an den sie nicht glauben?
Wie sollen sie aber an den glauben,
von dem sie nichts gehört haben?
Wie sollen sie aber hören ohne Prediger? (Verkündiger)*
Römer 10 / 14

Die Menschen in ihren Nöten, Problemen, Abhängigkeiten, Krankheiten und Ängsten sollen hören, daß es einen Ausweg gibt, auch heute noch. Diese Antwort heißt:

Jesus Christus, Gottes Sohn!

Dramatische Irreführung

Diese Antwort hat sich die letzten 2000 Jahre nicht geändert. Die Geschichte lehrt uns, daß vieles von den geistlichen Leitern der Jahrhunderte falsch gemacht wurde und große Sünden und Schuld auf sich geladen wurden. Da wurde Jesus kein Dienst getan, obwohl es oft „in seinem Namen" getan wurde.

Aber auch heute noch gehen sogenannte „geistliche Leiter" an dem wahren Ziel vorbei, wenn sie öffentlich behaupten, Jesus sei nicht Gottes Sohn. Das ist letztlich die logische Konsequenz aus der Aussage: „Jesus wurde nicht vom Heiligen Geist gezeugt, sondern von Joseph." Damit wäre er nicht Gottes Sohn, damit wäre er nicht der Erlöser, damit würden die Berichte der Bibel in letzter Konsequenz nicht stimmen und man kann es für sich nicht in Anspruch nehmen.

Armes Deutschland! Arme Menschen, die das glauben; arme „geistliche Leiter", die sich am Ende vor Gott für diese Unwahrheit und die Verführung so vieler verantworten werden müssen.
Sie blockieren so viele Menschen. Hoffnung auf Hilfe wird zunichtegemacht, Menschen müssen in ihrem Leid verharren. Kommen letztlich in die Hölle, weil ihnen Jesus verwehrt oder madig gemacht wurde. Das ist die eigentliche Dramatik.

Solange die Menschen von den Kanzeln Predigten hören, die jeder Gewerkschaft oder jedem Umweltschutzbund Ehre machen, aber nichts von dem Gnaden- und Errettungsangebot durch Jesus hören, solange sind wir weit weg von der Kraft und der Veränderung durch Jesus. Natürlich sind diese Themen auch wichtig, aber was nützt das alles, wenn der Mensch Jesus nicht kennt.

Was nützt Dir eine gerettete Tierart, aber Du gehst verloren und bist auf ewig in der Hölle und von Gott getrennt.

Ich habe vor kurzer Zeit einen Gemeindebrief in die Hand bekommen (von welcher Kirchengemeinde sag` ich jetzt lieber nicht) der war super – gut aufgemacht.
Hochglanz – Bilder – Berichte – fünfzehn Seiten – aber kein einziges mal wurde Jesus erwähnt, geschweige denn, daß ER sich der Nöte der Gemeindemitglieder annehmen will. Das ist mehr als traurig und bezeichnend, welches Bild Christen, die **Christus** kennen sollten, abliefern.

Aber über die Jahrhunderte hat es immer wieder Menschen gegeben, die Jesus erlebt hatten und dies weiter gegeben hatten. Gott sei Dank dafür. Auch heute noch. Danke dafür!

Heute sehen wir wieder weltweit eine Zunahme von göttlichen Heilungen und Berichten darüber, weil Menschen diese Kraft und Wahrheit des Evangeliums wieder entdecken und darüber reden.

Warum die Medien so wenig darüber berichten? Ich weiß es nicht. Gründe dafür gäbe es viele, aber es wäre spekulativ.

Aber Gott sei Dank sind wir nicht von den Medien abhängig, sie sagen uns oft nur teilweise die Wahrheit mit einer Färbung, wie sie es wollen.
Auch wenn sie oft nicht gerade freundlich über Menschen, die Jesus nachfolgen, berichten.

Deswegen die Berichte von Heilungen und dem Eingreifen Jesu! Berichte von Leuten, die einfach Hoffnung schöpften und Jesus vertrauten, daß ER ihnen helfen kann und will.
Die weitergeben, wie es in ihrem Leben zuging und was sich durch Jesus zum Guten hin veränderte.

Hier könntest Du Dir mal Beispiele von Medien notieren, die von Wundern durch Jesus berichtet haben. Ich wünsche Dir, daß diese Seite nicht leer bleibt.

Heilungsberichte Teil 3

Schiefe Hüfte wird wieder gerade
Das Leben ist wieder einfacher

Bericht einer 43-jährigen Frau:

Ich möchte gleich von zwei Heilungen erzählen, die ich in der Gemeinde erlebt habe.

Ich bin erst vor einigen Monaten zum lebendigen Glauben an Jesus gekommen und komme seitdem auch in die Gemeinde.

Früher wunderte ich mich immer beim Hosenkauf, daß die krumm geschnitten waren. Ein Hosenbein war immer länger als das andere. Ich mußte jedes mal eine Schneiderin beauftragen, beide Hosenbeine anzugleichen. Mit der Zeit bekam ich aber auch Hüftschmerzen und so dämmerte es mir, daß eventuell ein Bein zu kurz war. Ich ließ es untersuchen – es war eine Beckenschiefstellung.

In einem der Heilungsgottesdienste betete eine Leiterin aus der Gemeinde für meine Hüfte und ich spürte sofort, daß sich in meiner Hüfte was tat. Es rumorte richtig und nach kurzer Zeit waren die Schmerzen weg, meine beiden Beine waren gleichlang. Beim nächsten Kauf einer neuen Hose stellte ich fest, daß beide Hosenbeine auch gleich lang waren. Welche Überraschung.

Die zweite Sache war, daß ich nach einem Unfall eine Versteifung in der Wirbelsäule hatte. Ich konnte beim Schlafen nicht auf dem Rücken liegen und mich nicht nach vorne beugen.

Auch hier vertraute ich auf das Gebet in der Gemeinde und wieder wurde mit mir gebetet. Es war wieder diese Leiterin, die mit mir betete. Sie forderte mich gleich danach auf, das zu tun, was ich bislang nicht mehr konnte - mich beugen.

Ich dachte mir noch: Mein Gott - das kannst Du doch gar nicht. Aber der Glaube war durch das ermutigende Gebet so groß, daß ich mich traute. Vorsichtig beugte ich mich nach unten - es ging -Hallelujah! Immer forscher wiederholte ich es, immer heftiger.

Nach ein paar Tagen stellte ich fest, daß ich nun auch wieder auf dem Rücken schlafen konnte - ohne Probleme.

Ich bin Gott so dankbar daß er heilt, daß er mich gerettet hat, daß ich eine Gemeinde habe, wo Jesus persönlich erfahrbar ist und daß es Menschen gibt, die von diesem Jesus in verständlicher Form und völlig unverkrampft erzählen und reden. Die für Kranke unter Handauflegung mit großer Begeisterung, Erwartung und Erfolg beten.

Ähnliches haben auch zwei Leute erlebt, für die ich in Wels /Österreich gebetet hatte. Das war erst vor Kurzem.

Nach vorne beugen wie noch nie
Kindheitsträume werden wahr

Report:

Eine junge Frau gab einen Bericht über ihr Problem, bevor ich für sie betete.
Seit ihrer frühen Kindheit hatten die Ärzte festgestellt, daß ein Bein zu kurz war. Sie mußte Ausgleichssohlen oder -schuhe tragen, ließ diese dann später weg, weil es nicht schön aussah und sie ja schließlich eine hübsche Dame war.

Die Folgen waren Hüftschiefstellung, Lendenwirbelarthrose, jede Menge Krankengymnastik und letztlich eine Versteifung des Lendenbereiches. Das alles war verbunden mit viel Schmerzen, Leiden, Einschränkungen und vieles mehr. Die Folge von alledem:

> Sie konnte sich nicht mehr bücken !

Während des Gebetes fing sie an sich nach vorne zu beugen - und weiter - weiter - bis sie mit den Fingerspitzen den Boden berühren konnte. Das hatte sie seit ihrer Kindheit nicht mehr gekonnt.

Das demonstrierte sie nun gleich mehrere Male vor der ganzen Gemeinde. Der Rücken war wieder elastisch und komplett schmerzfrei. Das war am Samstag.

Jesus ist ein fantastischer Therapeut !!!!!!

" Ich will das auch können "

Ein älterer Mann kam nach der Predigt am Sonntag Morgen nach vorne, und bat unter Tränen um Gebet. Er wolle sich auch so bücken können.

Ich hatte nämlich die junge Frau während der Predigt aufgerufen, das Wunder noch einmal zu bestätigen. Sie kam nach vorne und zeigte es erneut der ganzen Gemeinde, wie mühelos sie sich nun bis zum Boden beugen konnte. Sie erklärte außerdem, daß ihre ganze Familie überprüft hätte, ob das eine Bein noch zu kurz war. Sie kannten ja alle ihren Zustand. Es war nicht.

Von dieser Demonstration war der Mann so bewegt, daß Hoffnung und Glaube in sein Herz kam. Seit dem er ein Kind gewesen war, hatte er einen versteiften Rücken und hatte sich **noch nie** in seinem Leben bücken können. Welch eine Dramatik und Qual sein Leben lang! Er war so 60 - 70 Jahre alt.

Ich betete für ihn und noch während des Betens fing er an, sich nach vorne zu beugen, bis er seine Fußknöchel umfassen konnte.
Er weinte noch mehr - diesmal vor Freude!

Die Gemeinde brach in großen Jubel aus, und sie priesen Jesus.
Ich war total begeistert, daß Jesus in Null – Komma – Nix zwei Menschen heilte und total glücklich gemacht hatte.

Jesus sei alle Ehre dafür!!!!

Ischias-Schmerzen … ,

Eine 56-jährige Frau berichtet vom Heilungs - Gottesdienst am 31. Mai 2015

In der letzten Zeit stellte ich zunehmende Schmerzen im Rücken fest. Es wurde immer schlimmer, bis ich die Diagnose vom Arzt bekam:

> Es war der Ischias!
> Na – bravo!

Ich konnte mich kaum mehr bücken, jede Bewegung tat weh.

Im Heilungsgottesdienst der Gemeinde wurde dann für mich gebetet. Die Pastorin, die für mich betete, legte mir im Namen Jesu die Hände auf.

Sofort war jeglicher Schmerz weg. Ich fühlte es sofort. Ich bückte mich um es sofort zu testen.
Ich hatte völlig schmerzfreie Bewegungsfähigkeit.

Auch später, zu Hause probierte ich es immer wieder aus, der Schmerz war und blieb weg.

Alle Ehre gebe ich Jesus dafür.

Schokoladen-Allergie ...

Ein 8-jähriges Mädchen erzählt:
im Gottesdienst am 25. Mai 2015

In einem Gottesdienst der letzten Zeit kam die 8-Jährige mit ihrem Vater nach vorne zum Gebet.
Sie hatten festgestellt, daß sie seit einiger Zeit eine Allergie gegen Schokolade und andere Kakaoprodukte hatte.
Jedesmal nach Genuß von Schoko - Produkten bekam sie umgehend einen heftigen Ausschlag.

Das fand das Mädchen weder schön noch eine gute Perspektive für die Zukunft. Der Vater sah es ebenso. Eine Allergie würde das Familienleben unnötig belasten.

Also betete die Pastorin für sie und gebot der Allergie im Namen Jesus zu verschwinden.

Zuhause angekommen naschte die Kleine sofort Schokolade - ohne allergische Reaktion des Körpers.
Auch die ganze Woche wurde sehr zur Freude und Wonne die Probe auf's Exempel gemacht.
Die allergische Reaktion blieb weg.

Man kann sich die Freude und Dankbarkeit des Mädchens vorstellen. Und der Eltern!

Gott sei Dank!

Wir haben Wochen später noch mal bei dem Mädchen und den Eltern nachgefragt. Es ist alles in bester Ordnung, die Allergie ist weg.

... und Rückenschmerzen verschwinden !

Eine 40-jährige Frau berichtet vom Gottesdienst in Mallorca, Mai 2015

Wir waren zu Besuch im Gottesdienst in Cala Ratjada in der Gemeinde "Esperanza de Vida". Nach der Verkündigung beteten wir für verschiedene Leute, die diverse Anliegen hatten.

Eine 40-jährige Frau kam zu uns und schilderte ihr Problem. Sie hatte chronische Rückenschmerzen, die immer wieder, scheinbar grundlos, auftraten und äußert schmerzhaft waren. Auch jetzt habe sie starke Rückenschmerzen.

Direkt nach dem Gebet schien sich nicht viel verändert zu haben, die Schmerzen waren noch da, etwas weniger als sonst.

Als wir sie im Laufe der Woche wieder trafen, erzählte sie uns, daß sie die ganze Woche nicht darauf gemerkt hatte. Als ihr das bewußt wurde und sie nachdachte, realisierte sie, daß die Schmerzen weg waren und sie die ganze Woche schmerzfrei gewesen war.
Dies war monatelang schon nicht mehr der Fall gewesen.

Sie war überglücklich und gab Jesus allen Dank und Ehre.

Sonnenallergie verschwindet
warum Urlaub wieder Spaß macht

Report:

Eine Bekannte von mir erzählte mir vor einiger Zeit, daß sie nun in den Urlaub fahre. Und zwar nach Ägypten. Sie freue sich total auf das Land, das Rote Meer, das Schnorcheln, die Fische und das Schwimmen.

Ihr Problem sei jedoch, daß sie seit vielen Jahren eine Sonnenallergie habe und spezielle Schutzcreme bräuchte. Aber die helfe auch nicht zu 100 Prozent. Es zeigten sich bei Sonneneinstrahlung diese häßlichen, juckenden Pusteln.

Ich bot ihr an, für sie zu beten, weil ich überzeugt sei, daß auch diese Allergie kein Problem für Jesus sei.

Sie gab mir ihre Hand und ich gebot dieser Allergie im Namen Jesu zu verschwinden. Völlig unreligiös, völlig unspektakulär, dann wünschte ich ihr einen schönen Urlaub.

Als wir uns nach ca. drei Wochen wieder trafen, erzählte sie begeistert, daß das Gebet gewirkt hätte. Jeden Tag ging sie (notgedrungen beziehungsweise urlaubsgemäß und gewollt) in die Sonne.
Keine allergische Reaktion. Sie suchte förmlich nach Pusteln, aber fand keine. Sie war der Überzeugung, daß aber welche da sein müßten, weil immer welche da waren in der Sonne. Aber nix zu sehen oder zu spüren.

Jesus hatte ihr einen sorgenfreien Urlaub geschenkt und mir die gute Möglichkeit, weiter mit ihr über Jesus zu reden. Nun mit einem überzeugenden Argument mehr.

Missionsbefehl

Gehet hin ...

Es erstaunt uns immer wieder, was alles geschieht. Noch nicht alles wird zur Zeit bei uns geheilt, aber schon einiges. Das macht uns Mut weiter zu beten, Jesus für mehr und größere Dinge zu glauben und den Menschen Hoffnung zu machen.

Es gibt keine Formel oder das-mußt-du-so-und-so-machen.
Es ist die praktische Umsetzung dessen, was Jesus seinen Jüngern befohlen hatte. Beachte hier bitte, daß Jesus nicht „empfohlen" hatte oder sonst eine Option gab. Es war ein Befehl.

Wir können Jesus nicht unseren „Herrn" nennen, wenn wir dann nicht machen, was er sagt. ER ist der „Chef", wir die Mitarbeiter. ER hat das Sagen und tun wir es dann oder auch nicht? Das zwickt sich irgendwo. Genau das ist das Spannungsfeld, zu erkennen, wo ich den Willen Jesu nicht oder nur teilweise, vielleicht auch ohne Begeisterung und Glauben tue.

Meine eigene Erfahrung zeigt dies mehr als deutlich. Ich hatte nicht dieses Verständnis dafür, geschweige daß ich im Glauben für Heilung und Freisetzung in der beschriebenen Form betete. Aber Gott sei Dank hat sich das geändert.
Jesus ist geduldig, gnädig und vergebend. Aber ER motiviert und hilft mir auch, weiterzugehen und unbekannte Dimensionen zu erobern.

Jedes Mal wenn wir mit Menschen gebetet hatten, wurde ihnen zumindest eine Aufmerksamkeit zuteil, daß jemand sie und ihr Problem ernst nahm. In den allermeisten Fällen gaben sie nach dem Gebet an, daß sie die Kraft Gottes gespürt hätten, oft verbunden mit körperlichem Wohlbefinden, Wärme oder Hitze an der betreffenden Stelle. Auch wenn sie keine sofortige Heilung empfangen hatten, wurden sie ermutigt, daran fest zu halten, weil oftmals ein Heilungsprozeß in Gang gekommen war. Das Mindeste was sie spürten, war eine Berührung Gottes.

Ich erinnere an der Stelle an den bereits zitierten Bericht von dem jungen Rollstuhlfahrer in La Plata / Argentinien.

Der Auftrag der Jünger Jesu – bis zum heutigen Tag, heißt immer noch:

Und er (Jesus) sprach zu ihnen: Gehet hin in alle Welt
und predigt das Evangelium aller Kreatur.
Wer da glaubt und getauft wird, der wird gerettet werden;
wer aber nicht glaubt, der wird verdammt werden.
Die Zeichen aber, die folgen werden denen,
die da glauben, sind diese:
In meinem Namen werden sie böse Geister austreiben,
in neuen Zungen reden,
Schlangen mit den Händen hochheben,
und wenn sie etwas Tödliches trinken,
wird's ihnen nicht schaden;
auf Kranke werden sie die Hände legen,
so wird's besser mit ihnen werden.
Nachdem der Herr Jesus mit ihnen geredet hatte,
wurde er aufgehoben gen Himmel
und setzte sich zur Rechten Gottes.
Sie aber zogen aus und predigten an allen Orten.
Und der Herr wirkte mit ihnen und bekräftigte das Wort
durch die mitfolgenden Zeichen
Markus 16 / 15 – 20

Es ist relativ einfach und theologisch unkompliziert:
Jesus gibt eine Order – seine Jünger tun es – und Jesus

kümmert sich um die Folgen.
Meine Verantwortung ist nur, es umzusetzen im Vertrauen und Gehorsam auf sein Wort. Und das ist der Lernprozeß, das Durchkämpfen, die Fragen und Zweifel – und doch nicht aufgeben. Das ist meine und Deine „Challenge"!

Der Missionsbefehl beinhaltet unter anderem zwei wichtige Komponenten.
„Hingehen und verkündigen" und „die Kraft Jesu demonstrieren". Das gehört zusammen. So hat Jesus agiert, in der gleichen Weise seine Jünger, so sollten wir es auch machen!

Paulus betont es einmal ganz explizit, daß er nicht nur fromm daherredet, auch wenn es ernst gemeint und richtig sei.

... und mein Wort und meine Predigt geschahen nicht mit
überredenden Worten menschlicher Weisheit,
sondern in Erweisung des Geistes und der Kraft, ...
1.Korinther 2 / 4

Auch viele andere Beispiele in der Bibel zeigen uns diesen Zusammenhang von reden und tun.

Und das Volk neigte einmütig dem zu, was Philippus sagte,
als sie ihm zuhörten und die Zeichen sahen, die er tat.
Apostelgeschichte 8 / 6

Sie demonstrierten die Kraft (griechisch: Dynamis) als Beweis was sie zuvor gesagt hatten. Es war praktisch wie Dynamit, das viele Bedenken und Blockaden, Ideologien und falsche Religionsthesen wegsprengte, die Menschen freisetzte und sie an Jesus glaubten. Diese Kombination ist einzigartig in der Welt der Religionen und immer noch wirksam.

Was ist, wenn nix passiert?

Ich wurde schon oft gefragt, ob ich ein Wunderheiler sei. Dies verneine ich regelmäßig mit dem Hinweis, daß ich den „Wunderheiler" aber gut kenne und für ihn unterwegs bin. Jesus allein hat die Macht und Kraft. Ich versuche nur das zu tun, wozu er mich beauftragt und autorisiert hat.

Am Anfang, als ich begann für Kranke zu beten, erhob sich immer ein leiser Gedanke in meinem Kopf, der fragte:

„ Was ist, wenn nichts passiert? Dann bist Du blamiert!"

Zuerst ließ ich mich davon stoppen, denn es klang ja plausibel. Ich würde ja wirklich wie ein Depp dastehn und in Erklärungsnot kommen. Meine Gedanken überschlugen sich jedes Mal vor lauter „wenn" und „aber". Wie würden die Menschen reagieren? Würden sie jemals wieder zu Jesus kommen? Lauter offene Fragen, die mich letztendlich davon abhielten für die Menschen zu beten.

Wenn Du bereits ein Nachfolger Jesu bist und Dich entschließt, diesen Missionsbefehl in die Tat umzusetzen, verspreche ich Dir eins: Diese Frage wird Dich bombardieren:

Was ist, wenn nix passiert?

Auch heute noch, nach all den Erlebnissen und herrlichen Heilungen und Wundern, kommt der Gedanke oft kurz vor dem Beten.
Heute lach ich drüber und denke mir: „ Ja du alter Teufel, das könnte Dir so passen! Nix da! Ich werde beten und Gott ist da, um Menschen Gutes zu tun." Und dann lege ich mit Entschlossenheit die Hände auf und befehle im Namen Jesus.

Und zwar:

- Jesus zur Ehre
- gemäß seinem Wort
- zum Wohl dessen, für den ich bete
- zum Ärgernis dessen, der mich hindern wollte
- zum Beweis daß Jesus der Sieger ist und der Teufel der ewige Looser
- zur Ermutigung für die, die zuschauen
- zur Nachahmung für die Christen, die noch unsicher sind es gleichzutun

Es passiert was!

Du mußt Deine eigene Antwort finden. Ich kann Dir nur anhand meiner Geschichte zeigen, wie es bei mir war und was ich dabei erlebt habe und wie ich in diese neue Dimension reingewachsen bin.

Du mußt Dich selbst mit dem Wort Gottes auseinandersetzen, lernen was es heißt Autorität zu haben und einzusetzen, die geistlichen Wahrheiten und Prinzipien für Dich entdecken und dann eine Umsetzung in die Praxis zu finden. Antworten und Überzeugungen finden, die Dich nicht mehr aus der Bahn werfen, Dich nicht mehr mit depressiven, hilflosen Gedanken im Regen stehen lassen, sondern Du kühn und hoch erhobenen Hauptes sagen kannst:

„ Wenn nix passiert?
Dann passiert halt nix – ganz einfach.
Aber es wird 100 prozentig was passieren,
weil es die Zuständigkeit und Verantwortung von Jesus ist.
Wenn ich für jemanden bete – und das werde ich,
dann erfährt er mindestens die Liebe Gottes und noch mehr!"

Es wird Zeit, daß wir als Christen aus den unterschiedlichsten Lagern dies wieder lernen. Uns nicht von der Frage, „...wenn nichts passiert", zurückhalten lassen und erlauben, daß diese kleine Frage uns Angst macht und lähmt und die Menschen den Jesus der Bibel nicht wahrnehmen können.

Ich bete für Dich, daß Du durch dieses Gedankenkarussell durchbrichst und Du Gewißheit bekommst, daß Jesus auf Deiner Seite ist.

Dieses Buch soll Dich ja auch dazu ermutigen und motivieren, weiter zu gehen und die Dimensionen des Reiches Gottes zu entdecken, es zu lernen, es einzusetzen und stark im Heiligen Geist zu werden.

Oder Du erkennst einfach, daß für Jesus nichts unmöglich ist und Du Dein Leben getrost Jesus anvertrauen kannst.

Schreib Dir doch mal auf, welche Gedanken Dir durch den Kopf gehen, wenn Du daran denkst, für jemanden zu beten.

Was hindert Dich?

Wie bist Du geprägt? Was erschüttert dabei dein Gottesbild oder Dein Glaubensverständnis?

Kannst Du Dir vorstellen, die Wunder Jesu auch zu tun?

In diesem Sinne verstehe ich auch die weiteren Berichte aus einigen Gottesdiensten, die wir in Brasilien, Spanien und Österreich hielten.

Heilungsberichte Teil 4

Report:

Fingersehnen wachsen zusammen:

Ich predigte in einem Gottesdienst in Brasilien über die Macht Jesu und daß er heute noch Menschen heile. Ich sah einen Mann, der hatte die rechte Hand dick eingebunden.

Ich unterbrach die Predigt, weil ich plötzlich wußte, daß Jesus jetzt was machen wollte. Auf meine Nachfrage erklärte der Mann, daß die Fingersehnen alle durchtrennt seien und er die Finger nicht mehr bewegen könnte.

Die Ärzte zweifelten daran, ob es jemals wieder werden würde. Es seien mehrere Operationen nötig, alles sei aufwendig und unsicher. Im optimalsten Falle würde mindestens eine starke Beeinträchtigung bleiben.

Momentan hingen seine Finger schlaff aus dem Verband.

Ich betete mit ihm und befahl den Sehnen, im Namen Jesu, wieder zusammen zu wachsen.
Dann predigte ich weiter.

Nach ein paar Minuten reckte er die eingebundene Hand wortlos nach oben. Zuerst dachte ich er wolle irgendwas fragen, dann bemerkte ich, daß er für die ganze Gemeinde sichtbar, die Finger bewegte.
Die Gemeinde brach in großen Jubel aus, da sie den Mann und sein Problem kannten.

Später sagte er mir, daß er gleich nach dem Gebet gemerkt hatte, wie sich in seiner verletzten Hand etwas getan hatte.

Krumme Schulter wird gerade:

Die wohl eindrucksvollste Heilung in den ersten Monaten des Jahres 2013 erlebten wir bei einem ca. 70 jährigen Mann in einer Gemeinde in Brasilien.
Er hatte sich vor Monaten die linke Schulter gebrochen, hatte jedoch kein Geld um zum Arzt zu gehen, geschweige denn hatte er eine Krankenversicherung.
Der komplizierte Bruch in der Schulter wuchs so falsch zusammen, daß der Mann den Arm praktisch nicht mehr gebrauchen konnte, da die Schulter verdreht zusammengewachsen und steif war. Er konnte den Arm nicht mehr heben, drehen oder im Ellbogen abwinkeln, auch das Handgelenk war steif.
Die einzige Möglichkeit wäre gewesen, daß jemand für ihn den Klinikaufenthalt bezahlt, die Ärzte die falsch zusammen gewachsenen Knochen erneut kontrolliert brechen, ausrichten und hoffen, daß es wieder gut zusammenwächst.

Aber Jesus hatte eine super Alternative für diesen Mann!
Ich betete für ihn, legte ihm die Hand auf die deformierte Schulter und gebot den Knochen im Namen Jesu, sich zurechtzurücken und gerade zu werden.
Ich sprach in der Autorität Jesu, Mobilität in den gesamten Schulterbereich, in die Sehnen, Gelenke und Knochen.
Ich hatte die Hände auf seine Schulter gelegt und konnte spüren, wie es ruckte und sich die Knochen bewegten.
Jesus war am Werk.

Kurze Zeit später fing der Mann zum Erstaunen aller Anwesenden an, seinen Arm zu heben, zu drehen und ihn dann letztlich wie einen Windmühlenflügel heftig zu drehen. Er hörte gar nicht mehr auf. Dabei liefen ihm Tränen der Freude über sein gealtertes, zerfurchtes Gesicht.
Er pries Gott aus vollem Herzen.
Die ganze Gemeinde jubelte vor Begeisterung und dankte Gott.

Alte Dame hüpft wie ein Girl:

An einem Sonntag kam eine alte Frau mit zwei Krücken in den Gottesdienst in Porto Cristo / Mallorca.
Sie konnte die Knie nicht richtig bewegen und schleppte sich mühsam auf zwei Krücken herein. Sie hatte seit Jahren starke Arthritis und enorme Schmerzen in den Kniegelenken. So schleppte sie sich jeden Sonntag zum Gottesdienst.

Wir geboten diesem Geist der Arthritis, die Frau zu verlassen und sie spürte sofort neue Kraft in ihre Kniegelenke strömen. Die Schmerzen verschwanden und sie fing an zu laufen und dabei die Knie abzuwinkeln und die Knie hochzuheben.

Sie übergab Andra ihre Krücken und lief ohne Gehhilfen immer schneller, die Knie hochhebend wie bei einem Volkstanz.
Dabei strahlte sie und bedankte sich bei Jesus.

Ich nahm sie beim Arm und gemeinsam liefen wir durch die Gemeinde, immer schneller werdend. Am Schluß rannten wir unter dem tosenden Beifall der Gemeinde durch den Raum.

Am Ende des Gottesdienstes ging sie mit ihrem Krücken unter dem Arm nach Hause. Keine Spur von Gehbehinderung oder Schmerzen.

Im Frühtau, zu Berge …

Ein Mann im besten Alter kam in Wels / Österreich nach vorne zum Gebet und erzählte, daß er für sein Leben gern in den Bergen wandern würde.
(Is` ja fast logisch: Österreich – Berge – Natur – alles super!)

Nun habe er jedoch kaputte Knie und er könne sie kaum mehr bewegen. Die Ärzte hatten ihm eine düstere Prognose für die Zukunft gegeben.

Bei dem einen Knie sei die Kniescheibe und der Meniskus kaputt, beim anderen sei ein Knochenmarködem im Knie festgestellt worden.
Ich hatte keine Ahnung, was das war, aber es war mir in dem Moment auch egal. Später recherchierte ich im Internet, was die Diagnose gewesen war, nämlich:
medizinische Definition: Vermehrte Wasseransammlung im Knochen, die sich durch eine Signalanhebung in den wassersensitiven Sequenzen der Kernspintomographie (MRT) zeigt und auf einer Ödem- oder Hämatombildung im Knochen beruht.
Hört sich auf jeden Fall nicht gut an!

Er bat um Gebet, weil er doch so gern wieder in der Natur unterwegs wäre und die Schmerzen und Probleme gerne los wäre.
Andra und ich beteten für ihn und legten ihm die Hände im Namen Jesus auf. Augenscheinlich hatte sich nix getan. Er hatte keine Veränderung bemerkt, beim Beten nix gespürt, aber er war total auferbaut, weil er wußte, daß Jesus sich drum kümmern würde. Dann ging er heim.

Noch am gleichen Tag ließ er uns telefonisch ausrichten, daß er komplett geheilt sei und er wieder voll laufen, belasten und sich schmerzfrei bewegen könne. Als er von dem Gottesdienst nach Hause kam, war alles in Ordnung.

Jesus hat ihm die Gelegenheit geschenkt, wieder in die Berge zu wandern und die wunderbare Schöpfung zu genießen.

Zwei Jahre später, wir waren wieder in der Gemeinde in Wels, kam er freudestrahlend auf uns zugesaust und schüttelte uns dankbar die Hände. Er sei so glücklich, es gehe ihm super, die Knie sind schmerzfrei, voll belastbar und funktionstüchtig. Er habe schon wieder viele, teils auch schwierige Touren gemacht.

Das Schöne daran war auch, daß durch diese Heilung sein Sohn wieder zu Jesus zurückfand. Dieser war christlich erzogen worden, habe dann aber seinen Weg ohne Gott fortgesetzt. Durch die Heilung seines Vaters war er mit Jesus in einer dermaßen starken Art konfrontiert worden, daß er sein Leben mit Jesus ins Reine brachte, nun die Gemeinde besucht und Jesus mehr als zuvor vertraut.

Dies zeigte uns wieder einmal mehr, daß Gott seine eigenen Methoden hat, den Menschen zu helfen. Kein Schema F.
Kein „Automatendenken" - oben Gebet rein, unten Heilung rausziehen. No! Vertrauen ist angesagt.

Hier kannst Du gut dieses Spannungsfeld sehen, von dem ich schon gesprochen habe und in dem man steht, wenn man für andere betet. Du selbst siehst nicht sofort was, spürst nix und trotzdem passiert was. Stell Dir vor wir hätten nicht für ihn gebetet. Das wäre eine Dramatik gewesen.

Junge Rollstuhlfahrerin läuft wieder:

Es handelte sich wieder um einen Bericht aus Mallorca, vom November 2013.

Ein 16-jähriges Mädchen war bei einem Balkonsturz aus dem 2. Stockwerk schwer verletzt worden.
Sie wurde stundenlang notoperiert und hatte sich unter anderem den linken Fuß total zertrümmert. Die Ärzte hatten ihr attestiert, daß die Brüche so fatal seien, daß diese inoperabel seien und sie nie mehr mit diesem Fuß auftreten und somit auch nie wieder laufen könne. Der bzw. die Fußknochen waren so pulverisiert, daß es nichts mehr zum Zusammenfügen gab.
Die Mutter beschrieb es später wie einen stark zertrümmerten Bimsstein. Lauter kleine Brösel.

Die Folge waren nun notwendige Überlegungen, die gesamten Lebensumstände zu ändern. Umzug in eine ebenerdige, rollstuhlgerechte Wohnung, Anschaffung eines geeigneten Autos, behindertengerechter Umbau der neuen Wohnung, Finanzierung des Ganzen und vieles mehr. Ein gewaltiger Berg tat sich plötzlich vor dieser Familie auf.

Andra und ich waren zu diesem Zeitpunkt zu unserer
ersten Konferenz "Mas Fuego - Mas Gloria",
zu deutsch: "Mehr Feuer - mehr Herrlichkeit", in Cala Ratjada/Mallorca.
Wir hatten befreundete Pastoren aus La Plata/Argentinien dazu eingeladen, mit uns zusammen den Menschen aus verschiedenen Gemeinden dort zu dienen.
Pastor Raul und Betty Reyes sind seit vielen Jahren unsere Freunde und sie stehen einer schnell wachsenden Gemeinde mit derzeit ca. 2500 Mitgliedern vor.
Auch in ihrem Dienst geschehen viele Heilungen, Zeichen und Wunder.

Samstag Abend kam das Mädchen in ihrem Rollstuhl mit ihrer Familie. Der örtliche Pastor Lorenzo, in dessen Gemeinde wir diese Konferenz abhielten, hatte die Familie eingeladen. Ich wußte plötzlich, daß sie heute Abend geheilt werden würde und freute mich schon auf die Gebetszeit.
Ich war bereit!

Pastor Raul predigte an dem Abend über die Demonstration der Kraft Gottes und ging plötzlich zu dem Teenager im Rollstuhl. Ich merkte, was er vorhatte.
So ein Mist – er war schneller gewesen als ich!

Aber zum Glück ging´s ja nicht um mich, sondern um das Mädchen und Jesus.

Er betete für sie, nahm ihre Hand und forderte sie im Namen Jesu auf, aufzustehen.

In dem Moment konnte man in der ganzen Versammlung die bekannte Stecknadel fallen hören.
Augen wurden aufgerissen, Hände vor den Mund gehalten um nicht loszuschreien, die Spannung war zum Zerreißen, es war mucksmäuschenstill.

Das Mädchen wurde durch die Kraft Gottes durchgeschüttelt und sie fing an, langsam aufzustehen, wobei sie hauptsächlich ihren gesunden Fuß gebrauchte. Sie traute der Sache offensichtlich noch nicht so ganz. Dann aber fing sie an, den linken, kaputten Fuß zu belasten und ihr Erstaunen wurde immer größer.
Sie stand mit voller Belastung auf dem Fuß. Dann fing sie an der Hand von Pastor Raul an zu laufen.
Dabei weinte sie vor Glück, Überwältigung und Dankbarkeit.
Sie liefen vorsichtig im Raum umher.

Auch die Eltern, Geschwister und viele Besucher weinten.

Später erzählte uns Pastor Lorenzo, daß sie dann auch zu Hause weiter gelaufen sei, ebenso am Sonntag und auch in der Folge.

Ein erneuter Besuch beim Arzt brachte große Verwirrung – für den Doc!
Der Arzt röntgte den Fuß erneut, ließ das ausgewertete Bild wegtun, röntgte erneut und konnte es nicht fassen. Er war der Meinung, daß das Röntgengerät kaputt sei. Der Fuß war komplett geheilt, alle Knochen zusammen und an ihrem Platz. Er vermutete sogar, daß es sich nicht um die gleiche Patientin handele. Der Arzt ordnete weitere Untersuchungen an.

Die Heilung von dem Mädchen verbreitete sich in der ganzen Stadt, da dieser Unfall mit seinen Folgen auch durch die Presse gegangen war. Viele Leute, die gar nicht wirklich an Gott glaubten, sprachen von einem Heilungswunder. Es ergaben sich für die Gemeinde viele gute Gelegenheiten, mit den Menschen über Jesus zu sprechen.

Im Januar 2014 gab die Familie nicht nur in diversen Gottesdiensten Zeugnis davon, welch großes Wunder Jesus an der Tochter getan hatte, vielmehr gaben sie einem lokalen Stadtmagazin, „Faxdepera", ein zweieinhalb - seitiges DIN A4 Interview mit Bildern und den ärztlichen Befunden.
(Ein Exemplar davon haben wir uns zur Erinnerung und Bestätigung aufgehoben).

Jesus ist so herrlich!

Ich liebe ihn und bin gerne dabei, wenn er Wunder tut.

Überleg` doch mal kurz, welche positiven Nebeneffekte diese Heilung für die ganze Familie und alle Beteiligten hatte.
Kein Umzug in ein behindertengerechtes Haus nötig, kein Spezialfahrzeug, keine lebenslangen REHA-Maßnahmen, allein der finanzielle Aspekt ist gewaltig.

Stell Dir mal vor was die Krankenkasse gespart hat. Rechne es hoch auf ca. 70 Jahre Lebenserwartung. Da kommen locker ein paar 100.000 Euro zusammen. Eigentlich müßten der Direktor und seine Mitarbeiter sich zu Jesus bekehren.

Und es kam eine große Menge zu ihm (Jesus);
die hatten bei sich Gelähmte, Verkrüppelte, Blinde, Stumme
und viele andere Kranke und legten sie Jesus vor die Füße,
und er heilte sie,
So daß sich das Volk verwunderte, als sie sahen,
daß die Stummen redeten,
die Verkrüppelten gesund waren,
die Gelähmten gingen,
die Blinden sahen;
und sie priesen den Gott Israels.
Matthäus 15 / 30 + 31

Das wurde vor annähernd 2000 Jahren geschrieben, weil die Jünger es genauso mit Jesus erlebten. Sie waren an seiner Seite und waren Augenzeugen dessen, was geschah.

Und heute sind wir es, die die gleichen Sachen bezeugen, weil wir es mit unseren eigenen Augen gesehen haben.

- Das gibt`s doch nicht! - Wir sind Augenzeugen!
- Das glaub ich nicht! - Wir sind Augenzeugen!
- Das kann man doch heute nicht mehr wörtlich nehmen! - Wir sind Augenzeugen
- Wir – haben – es – erlebt !!!

Ach ja, die gerade genannte Bibelstelle spricht unter anderem auch von den Stummen, die plötzlich wieder reden konnten.

Eine Stumme spricht

Wir waren 2010 bei einer größeren Konferenz in Argentinien, wo wir unter anderem predigten, lehrten und für die Leute beteten.

Den einen Abend kam ein junges Mädchen, sie war vielleicht 10 Jahre alt, mit ihrer Mutter zum Gebet vor an die Bühne. Es herrschte ein ziemliches Gedränge, viele Menschen brauchten und wollten Gebet. Der Geräuschpegel war ziemlich hoch.

Die Mutter stand mit ihrer Tochter vor Andra. Die Mutter erklärte in Spanisch irgendwas, deutete auf ihr Mädchen und sprach und gestikulierte weiter. Wegen eines fehlenden Übersetzers in dem Moment und dem Geräuschpegels wußte Andra nicht, was sie für ein Problem schilderte. Die Tochter sagte gar nichts. Aber dies war auch egal - Jesus hatte es verstanden.

Andra betete für das Mädchen und sie fing plötzlich an, natürlich auf spanisch, zu Andra zu sprechen. Die Mutter war völlig aus dem Häuschen und wir fragten nach.
Die Mutter erzählte uns, daß ihre Tochter stumm gewesen sei und noch niemals in ihrem Leben gesprochen hätte. Nun könne sie es und hatte es Andra auch in aller Öffentlichkeit vorgemacht.

Alle Ehre Jesus, der beweist, daß sein Wort nichts an Kraft und Aussage verloren hat (siehe oben)

Beine „auswuchten"

Bei der gleichen Konferenz betete ich für ein Mädchen im Teenageralter, deren Füße bzw. Beine so stark nach innen gedreht waren, daß sie beim Laufen immer über ihre eigenen Füße stolperte und oft fiel.
Das war logischerweise hinderlich, andere Teenager hänselten sie deswegen und lachten sie aus. Und zu allem Übel sah es einfach nicht gut aus für 'ne junge Lady.

Ich betete für die Beine im Namen Jesu, daß sie sich gerade drehen sollten.
Das linke Bein drehte sich sofort gerade, es machte regelrecht einen „Schnelzer". Das rechte Bein blieb nach innen gedreht. Es sah zwar noch komisch aus, jedoch nicht mehr ganz so schlimm, aber die Hälfte war geschafft. Sie war schon total happy. Sie konnte schon besser laufen.

Ich ermutigte sie, am nächsten Abend wieder zu kommen, falls es keine Änderung in der Nacht gab, wir würden wieder beten und Jesus würde es auf jeden Fall zu Ende bringen.

Am nächsten Abend stand sie wieder vor mir, das linke Bein war immer noch kerzengerade. Es hatte sich nicht wieder verschlechtert. Ich betete für das rechte Bein und innerhalb einer Sekunde war es genauso gerade wie das andere.
Jesus hatte sie auf zwei Etappen geheilt.

Vielleicht fragst Du Dich, warum das so ist?
Ich weiß es nicht.
Was ich aber weiß ist, daß es bei Jesus keine Methode oder Schema F gibt, sondern daß ER jeder Person, die sich vertrauensvoll an IHN wendet, ganz persönlich und individuell dient. Deswegen ist es so spannend, für Leute zu beten. Du mußt immer auf Jesus hören, was und wie ER gerade was machen will.

Gerader Blick

Ebenfalls in dieser Konferenz kam ein kleiner Junge, vielleicht 5 oder 6 Jahre, nach vorne und er schaute mir geradewegs in die Augen.

Mamma mia! Er mußte kein Gebetsanliegen sagen, es war offensichtlich! Er schaute praktisch mit dem linken Auge in die rechte Hosentasche. Das linke Auge schielte so stark, wie ich es noch nie gesehen hatte.

Ich legte ihm die Hand auf das betroffene Auge und betete für ihn. Sofort nach dem Wegnehmen meiner Hand und dem Befehl an das Auge, sich im Namen Jesus geradezudrehen, stand die Pupille kerzengerade. Er konnte normal sehen.

Es war fantastisch es zu beobachten.

Erstaunliche Entwicklung

Schritt für Schritt

Wenn ich so die Jahre zurückblicke, dann kann ich sehen, wie Jesus mich Schritt für Schritt weitergeführt hat. ER hat mir Wahrheiten und Prinzipien aus seinem Wort gezeigt und mir dabei geholfen, es umzusetzen. Ich hätte mir nie träumen lassen, daß ich einmal das erlebe, was ich in dem Buch geschildert und erzählt habe. Und doch ist es wahr. Es begeistert mich. Und es wird immer mehr. In der Gemeinde, egal wo wir dienen, wo immer wir mit Menschen reden und beten können.

Nicht nur die Quantität, auch die Qualität steigerte sich. Waren es am Anfang kleine „Wehwehchen" die verschwanden, wie zum Beispiel Kopfweh, Gliederschmerzen und diese Art, wurden die Heilungen auch immer „größer", je länger wir fortfuhren, für Menschen im Namen Jesus zu beten. Wir gaben nie auf, auch wenn wir keine Ergebnisse sahen.

Du siehst ja selbst, was wir bisher beschrieben und erlebt haben.

Interessant ist für mich auch festzustellen, daß ich nicht der Einzige bin. Ich lerne mehr und mehr Menschen kennen, die eine ähnliche Entwicklung in ihrem Leben erlebt haben und auch noch selbst in diesem Lernprozeß stehen. Heilungen, Wunder, Eingreifen Gottes, nimmt in Gemeinden, die das Wirken des Heiligen Geistes zulassen, immer mehr zu.

Und das gab es zu jeder Zeit. Es gab in den 1940ern, 50ern und auch anderen Epochen starke Heilungsbewegungen, durch die tausende von Menschen Jesus kennenlernten und ihn als Herrn annahmen.

Zurück zur Kraft

Das ist der Wunsch Gottes für seine Gemeinde. Für seine Kinder und Repräsentanten hier auf der Erde. Wir haben einen starken, übernatürlichen, wunderwirkenden Gott! Der Heilige Geist ist dabei, die Kraft und Wunderwirkungen der ersten Gemeinde wiederherzustellen. Als Nachfolger Jesu bist Du dazu berufen, Gott in der ihm würdigen Weise zu repräsentieren; die Bibel ist sehr deutlich darin. Natürlich gibt es besondere Berufungen und Salbungen, aber es gibt auch einen Grundauftrag und eine Grundausstattung für jeden Christen.

Manche sind zum Beispiel Evangelisten mit einem besonderen Auftrag, aber alle Christen sind aufgefordert, das Evangelium weiterzusagen. Bei vielen anderen Berufungen ist es ebenso.

Apostelgeschichte 29

Wenn Du mal in Deiner Bibel die Apostelgeschichte 29 aufschlägst, stellst Du wahrscheinlich mit Erstaunen fest, daß es dieses Kapitel gar nicht gibt.

Hä? - was soll das? Willst Du mich auf den Arm nehmen?

Die Erklärung ist ganz einfach. Die Apostelgeschichte beschreibt die Entstehung der ersten Gemeinde, ihr Tun, ihre Entwicklung und das Handeln einzelner Personen und ganzer Gruppen in Vollmacht und Kraft.

Sie beschreibt den Siegeszug des Evangeliums von Jesus und dem Reich Gottes und ist voll mit Beschreibungen von Zeichen und Wundern, die die ganze Gesellschaft erfaßten. Ok – es gab Leute, die das nicht wollten und die Gemeinde bekämpften. Das ist heute nicht anders.

Wahrlich, wahrlich, ich (Jesus) sage euch:
Wer an mich glaubt,
der wird die Werke auch tun, die ich tue,
und er wird noch größere als diese tun;
denn ich gehe zum Vater.
Johannes 14 / 12

Wow! Da bin ich ja noch kilometerweit weg. Aber das ist der erklärte Wille Jesu für mein und Dein Leben. „Wer an mich glaubt" ist die einzige Voraussetzung dafür. Die Differenz zwischen der Aussage Jesu und meinem Handeln ist das Lernfeld.

Kapitel 29 ist **DEIN** Kapitel, wo Gott möchte, daß Du es schreibst. Daß Du das Kapitel mit Deinen Erlebnissen füllst, so daß andere Menschen dadurch motiviert werden zu Jesus zu kommen und seine Kraft zu erleben. Dein Leben sollte voll mit übernatürlichen Erfahrungen sein, weil Du einen übernatürlichen Gott als Herrn hast und ihm dienst.
Und meins natürlich auch.

Gott nichts vorschreiben

Mir wurde früher sehr oft gesagt, daß ich Gott nichts vorschreiben dürfe und könne. Das ist absolut richtig und wahr. Der Zusammenhang dieser Aussage war jedoch, daß es mir gesagt wurde, wenn ich im Vertrauen auf sein Wort gebetet hatte.

Ich bete zum Beispiel für einen Kranken und sagte: Es steht geschrieben, daß wir durch Jesu Wunden geheilt sind. Sei gesund in Jesu Namen.

Das war ganz am Anfang meiner beschriebenen Entwicklung. Dann kam oft diese Aussage, „Du kannst Gott nicht vorschreiben oder zwingen, daß ER was tun soll."

Erst ließ ich mich davon beeindrucken, weil ich es auch von geistlichen Leitern hörte und ich dachte, die werden schon recht haben. Aber dann zeigte mir Jesus, daß diese Aussage wie ein Bremsklotz in meinem Leben wäre. Ich würde nichts mehr erwarten, alle übertragene Autorität von mir schieben und letztlich Gott die Schuld geben, weil wenn ER nix macht, kann ich ja auch nix dafür. Ich wär` fein raus.

Ich möchte es Dir mit einem Beispiel verdeutlichen.
Du bekommst ein super Auto geschenkt, mit allem Schnick-Schnack. Vollausstattung – Wow!
Dann liest Du das Benutzerhandbuch (das solltest Du unbedingt tun) und stellst fest:
Nee- was der nicht alles hat und kann!

Dann fährst Du los. Unterwegs möchtest Du die Seitenscheibe öffnen und rufst gleich beim Hersteller an.
„Könnten Sie mal das Fenster für mich öffnen? - wenn Sie wollen oder können!"
Das Gleiche machst Du bei der Klimaanlage. Anrufen beim Hersteller und ihn bitten, falls er kann oder will, sie einzuschalten.
Das ist doch Quatsch – kein Mensch macht so etwas. Dafür sind die Dinge ja eingebaut und im Handbuch beschrieben, damit wir sie nutzen.

Genaaaauuu!!! Kein Mensch käme auf die Idee, daß ich dem Hersteller was vorschreiben würde, wenn ich seine technischen Raffinessen nutze. Dafür hat er sie schließlich entwickelt und einbauen lassen.

Fakt

Genauso ist es mit dem Wort Gottes. Es ist wie ein Benutzerhandbuch für das Geschöpf „Mensch" und wir finden genaue Anweisungen was wir dürfen, was wir lassen sollten und wie wir am Besten damit umgehen.
Wenn Gott sagt: Jesus hat Deine Sünde ans Kreuz getragen und ist für Dich gestorben, dann kannst Du und solltest Du es annehmen. Wenn Du es für Dich in Anspruch nimmst, schreibst Du doch Gott nix vor, sondern Du nimmst IHN beim Wort und solltest Dich Dein Leben lang dafür bedanken. Logo – oder?
Die Bibel beschreibt viele Fakten, die Gott geschaffen hat, damit wir sie in Anspruch nehmen.

Wenn Jesus sagt: „Ich werde Dich nicht verlassen, noch versäumen" und „ich bin bei Dir bis an der Welt Ende", dann ist das **Fakt**. Es ist dann sowas von unlogisch und ein Zeichen, daß ich IHN in Frage stelle und IHM letztlich nicht glaube, wenn ich dann bete: „Herr verlaß` mich nicht".

Hallo? - was hat ER gerade gesagt? Ich verlasse dich nie!
Und Du sagst: Herr - verlasse mich bitte nicht - bitte!
Das ist krass und unlogisch. Aber leider wird es von vielen Christen so praktiziert und dabei unbewußt ein schwaches und falsches Bild von Jesus gezeichnet.

Ich weiß was ich hier sage, denn ich dachte früher auch so, bis Jesus es mir gezeigt hat. Das hat viel verändert.

Ich kann mich für diese Aussage Jesu nur bedanken und mich auch in schwierigen Situationen daran festhalten. „Danke Jesus! Danke - daß Du versprochen hast, mich nicht zu verlassen."
Das ist Glaube, wie es Gott gefällt.

Wenn Gott sagt: Durch die Wunden Jesu ist Dir Heilung geworden, dann ist das **Fakt**.

Es ist abgeschlossene Vergangenheitsform. Erledigt. Finito. Eingebaut und zur Verfügung. Verwendung ohne weitere Nachfrage beim Hersteller. Basta.

Übertragene Autorität: **Fakt!**
Vollmacht: **Fakt!**
Besiegter Teufel: **Fakt!**
Berufen für SEIN Reich: **Fakt!**
Zeichen und Wunder folgen: **Fakt!**
Und vieles mehr: **Fakt!**

Das ist meine Erfahrung, mein Leben mit Jesus und mein Weg im Glauben. Ich verstehe nicht alles, weiß nicht auf alles eine Antwort, aber das muß ich auch nicht. Ich lerne täglich dazu und sehe, wie die Dinge des Glaubens sich mehr und mehr entwickeln und sich in meinem Leben etablieren.

Ich habe angefangen, mein persönliches KAPITEL 29 zu schreiben und ich sage Dir mit voller Begeisterung: Ich bin noch nicht fertig – die „Hammersachen" kommen noch, weil Jesus es mir versprochen hat: Ich zitiere nochmals:

Wahrlich, wahrlich, ich (Jesus) sage euch:
Wer an mich glaubt, (und das tue ich)
der wird die Werke auch tun, die ich tue,
und er wird noch größere als diese tun;
denn ich gehe zum Vater.
(was für eine spannende Zukunft für mich)
Johannes 14 / 12

Yes! Laß Dich mitnehmen auf diese abenteuerliche Reise des Glaubens!

Kennst Du Jesus?

Das gibt`s doch nicht

Du hast das Buch bis hierher gelesen und Du denkst Dir vielleicht: Das gibt`s doch nicht! Sowas hab ich noch nie gehört oder gesehen. Ich kenn` Gott oder Jesus nur aus dem Religionsunterricht und da war es langweilig. Meine Oma hat mir was davon erzählt, aber das war auch nicht wirklich prickelnd. Dieser Jesus und das ganze Glaubenszeug ist doch was für Warmduscher und Schwächlinge.

Da irrst Du Dich gewaltig! Jesus, der Sohn Gottes, lebt und ER liebt Dich und streckt Dir seine Hand entgegen. Er will Dich retten und Dir Deine Sünde vergeben. Die Sünde ist nicht primär das, was Du getan oder nicht getan hast, es ist die Sünde, nicht an den Namen Jesus zu glauben. Und das steht zwischen Gott und Dir und verhindert, daß Du eines Tages in den Himmel kommst.

Es ist wie bei einem Verletzten, der sich nicht mehr selber helfen kann. Es gibt keine Selbsterrettung nach dem „Münchhausen-Prinzip".
Also es genügt dem Verletzten nicht, daß er weiß, es gibt einen Notarzt – er muß ihn rufen! Er muß sich ihm anvertrauen.

Es genügt nicht von Jesus gehört zu haben und dann wird ER schon machen. Jesus wartet auf Deine Einladung, damit ER Dich retten kann. Alles notwendige dazu steht schon bereit. Vielleicht hat Dir das so noch nie jemand gesagt. Vielleicht bist Du enttäuscht von Deiner Kirche oder von Menschen.

Und das kann sich ändern. Lade Jesus ein, in Dein Leben zu kommen, IHN kennenzulernen und Dein Herr zu sein.
Du wirst sehen, Jesus ist anders als man Dir vielleicht gesagt

hat. Sorry - für die falschen Infos von anderen.
Ein Leben ohne Jesus ist langweilig, sinnlos, ohne Zukunft, das ist was für Warmduscher. Menschen ohne Jesus haben keine Vorstellung, welche Freiheit, Frieden, Freude, Begeisterung, Kraft und Spannung das Leben hier auf der Erde haben kann. Und darüber hinaus noch ein Leben in Ewigkeit mit Jesus.

Wo wirst Du die Ewigkeit verbringen? Was ist, wenn doch was dran ist mit dem Leben nach dem Tod? Auf diese existenziellen Fragen des Lebens solltest Du eine Antwort haben. Wir sorgen in unserem alltäglichen Leben für alles mögliche vor. Aber viele versäumen für die Ewigkeit vorzusorgen bei dem, der dafür zuständig ist. Jesus!

Jesus ist die Antwort Gottes auf unser Verlorensein. Und eines Tages kommst Du an dieser Entscheidung nicht vorbei. Spätestens, wenn Du vor ihm stehst, aber dann ist es zu spät.

Entscheide Dich jetzt mit Jesus zu leben und Jesus dein Leben zu geben. Warte nicht auf einen späteren oder besseren Zeitpunkt. Es gibt keinen. Es zählt das jetzt, denn es kann ganz plötzlich zu spät sein.

Ich lade Dich ein, ein neues Leben mit Jesus, seine Liebe, Kraft und Vergebung zu erfahren und daß ER sich Deiner Nöte und Krankheiten annehmen darf.
Vertrau auf IHN!

Du fragst Dich, wie Du das machen sollst?

Sprich Jesus einfach jetzt an!
Du mußt Dich nicht vorher ändern, besser werden oder so. Sprich zu IHM, einfach in dem Zustand und Lage, in der Du gerade bist.

Lade ihn ein, nimm Jesus auf. Glaube und bekenne es.

Die Bibel sagt:

*Wie viele ihn (Jesus) aber aufnahmen,
denen gab er Macht, (das Recht, die Autorität)
Gottes Kinder zu werden,
denen, die an seinen Namen glauben,*
Johannes 1 / 12

*Denn wenn man von Herzen glaubt,
so wird man gerecht;
und wenn man mit dem Munde bekennt,
so wird man gerettet.*
Römer 10 / 10

Es ist nicht schwer. Aber diese Entscheidung kann niemand für Dich treffen. Deine Eltern nicht, Deine Oma nicht, die vielleicht für Dich schon lange betet, schon gar keine Kirche, wie immer sie heißt und was sie Dir nicht alles versprochen haben. Nur Du und Jesus. Nur ihr zwei könnt das klarmachen.

Jesus wird Dich niemals zwingen, aber Du solltest darüber nachdenken, denn es kann schnell alles ganz anders kommen. Dazu schreibe ich gleich noch was in diesem Buch.

Bete jetzt, an der Stelle wo Du es gerade gelesen hast, zu Jesus und übergib Dein Leben in die Hand des wunderbarsten, liebevollsten, mächtigsten und gnädigsten Herrn, den die Welt jemals gesehen hat oder sehen wird.

Jesus Christus

Gebet zur Errettung

Wenn Du Jesus kennenlernen willst und Du weißt, daß Du Vergebung und Errettung brauchst, lade ich Dich ein, das nachfolgende Gebet laut, ernsthaft und voller Vertrauen zu beten:

Herr Jesus Christus,
ich glaube und bekenne, daß Du der Sohn Gottes bist
und auf die Erde kamst, um mich zu erlösen.
Du starbst um meinetwillen am Kreuz
und hast meine Sünde auf Dich genommen,
damit ich frei sein kann.
Du bist auferstanden und lebst.
Ich bekenne Dir meine Sünden
und bitte Dich, wasche mich rein.
Ich nehme Dich in mein Leben auf,
DU bist mein Erretter und Herr!

Heiliger Geist,
bitte erfülle mich mit der Kraft Gottes,
damit ich im Glauben wachsen kann
und mehr und mehr von Jesus sehe.
Amen.

Wie geht`s weiter

Herzlichen Glückwunsch! Du bist jetzt ein Kind Gottes! Willkommen in der Familie Gottes!
Du hast einen neuen Weg eingeschlagen mit Jesus an Deiner Seite. Die Bibel erklärt es als „neue Geburt". Das hat überhaupt nichts mit Reinkarnation zu tun. Du kommst nicht nochmal in irgendeiner Lebensform auf die Erde. Du bist aus dem Geist Gottes eine neue Kreatur. Nicht äußerlich, aber geistlich ist etwas wunderbares passiert.

Darum: Ist jemand in Christus,
so ist er eine neue Kreatur;
das Alte ist vergangen, siehe, Neues ist geworden.
2.Korinther 5 / 17

Jetzt soll Dein neues Leben in Christus wachsen und stark werden.

So wie ein Neugeborenes Versorgung, Schutz und Unterstützung beim Lernen braucht, brauchst Du es im Glauben auch. Du brauchst Menschen, die Jesus kennen und nachfolgen. Die Dir zeigen und erklären können, wie Du mit Jesus leben und reden kannst. Man nennt das übrigens beten. Nicht unbedingt vorformulierte Gebete, sondern frei weg, was Dir auf dem Herzen liegt.

Lies in der Bibel, am besten Du fängst im Neuen Testament an, denn da wird Jesus beschrieben und was ER alles gemacht und gesagt hat. Du kannst Dich auf IHN und sein Wort verlassen. Du wirst sehen, es ist spannender als Du denkst.

Du brauchst eine lebendige Gemeinde, wo Du Dich zu Hause fühlst. Eine Gemeinde mit Menschen, die Jesus lieben und begeistert von IHM sind und erzählen was ER gerade wieder getan hat.

Wo der Heilige Geist Freiraum hat Wunder zu tun. Wo mit Dir und anderen gebetet wird, wo Heilung, Freisetzung und Wiederherstellung normal ist. Wo Du Deine Talente und Gaben einsetzen kannst und Du wachsen kannst. Es gibt mehr Gemeinden und Gruppen, als Du denkst.

Wenn Du keine findest, Du Dir nicht sicher bist oder Fragen hast, schreib mir doch eine email.
Ich oder Glaubensgeschwister unserer Gemeinde helfen Dir gerne weiter, wenn wir können.

Jesus4me@jesus-gemeinde.de

Weißt Du, daß Dein Leben nun in der Hand und Obhut von Jesus ist? Er hat nun Deine Erlaubnis, in Deinem Leben Dinge in Ordnung zu bringen und Dir zu helfen.

Du wirst sehn!

Plötzlich kommt alles anders

Am Tod vorbeigeschrammt

Report

Ich habe Dir vorhin gesagt, daß sich die Dinge schneller ändern können, als Du denkst. Das war im Zusammenhang mit der Entscheidung für Jesus. Und es war ernst gemeint.

Ok – hier meine Story.

Samstag, 15. Februar 2014 – ein scheinbar normaler Tag

nach einem gemütlichen Frühstück mit meiner Frau mach ich mich fertig, um zu meinem Nachmittagsdienst zu fahren. Die Uniform anziehen, das ganze nötige Equipment überprüfen, noch mal in den Terminkalender schau`n, was heute Abend, nach dem Dienst noch ausgemacht ist.

Aha – 19 Uhr treffen wir uns mit den Jugendlichen unserer Gemeinde, um über Jesus, Gott und die Welt und ihre Belange zu reden.
Sie sind immer ganz begierig und gespannt von uns zu hören, was wir mit Jesus auf unseren Reisen erlebt haben, wie wir Situationen mit Gottes Hilfe und Weisheit erfolgreich gemeistert haben oder einfach nur mit uns zwei „Alten" zu quatschen.

Ich freute mich schon darauf.

„ok Schatz! Ich bin soweit. Hab einen schönen Nachmittag, bis später. Ich liebe Dich!"
Ein dicker, inniger Kuß ist obligatorisch – claro!
Ich schnapp mir meine Tasche und ab geht die Post in Richtung Dienststelle.

Im Büro angekommen, bereite ich den Schichtbeginn für die Mannschaft vor. Dienstplan und Streifeneinteilung checken, sind noch Krankmeldungen oder andere Personaländerungen reingekommen, während wir die letzten zwei Tage frei hatten.

Was hat der Chef an Aufgaben oder Erledigungen für die Wochenendschicht verfügt? Es ist eine Vielzahl von Vorbereitungen zu machen.

12 Uhr Schichtbesprechung – Countdown läuft

Die Jungs und Mädels meiner Truppe sind mittlerweile eingetrudelt, haben sich ihre Sachen geschnappt und bereit gemacht. Es beginnt mit einer Besprechung, wo alles Wichtige besprochen wird. Eine Runde heißer, starker Kaffee, wie üblich, gehört dazu. (I like coffee!)

Danach ein wenig Plausch über das Leben allgemein und im Besonderen, kurz drauf gehe ich an meinen Computer, um meine innerdienstliche Arbeit zu machen. Klar, dafür bin ich ja da.

Ich merke während ich etwas schreibe, wie mein rechter Arm einschläft. Seltsam, das hatte ich ja noch nie. Ich schüttel ihn, vielleicht hab ich mir einen Ellbogennerv abgedrückt. Es wird aber nicht besser, sondern schlechter. Ich merke, wie dieses taube Gefühl an meiner rechten Seite runterwandert, ohne Schmerzen, ohne Vorzeichen oder -warnung. Einfach so.

Ich merke, daß die rechte Seite nicht nur taub wird, sie wird auch kraftlos. Ich muß mich anstrengen, nicht vom Stuhl zu fallen. Das ist nun definitiv nicht normal und nicht meine Art den Stuhl zu verlassen. Ich häng` plötzlich wie ein Schluck Wasser auf dem Stuhl.

In meinem Kopf rasen die Gedanken.
Herzinfarkt? Schlaganfall? Was anderes? Was mach ich jetzt? Eine schnelle, brauchbare Entscheidung mußte her. Hunderttausend Sachen gehen mir durch den Kopf.

Ich bin dafür ausgebildet, in Krisen- oder Einsatzfällen Entscheidungen zu treffen, um das Szenario möglichst gut zu handhaben und zu bewältigen. So praktisch als eine Art Notfallmanager und Einsatzleiter.

Das kam jetzt zum Tragen, auch wenn es meine eigene Person betraf. Ich meinem Kopf spulte das gelernte Programm ab und ich checkte ab, was zu tun wäre und was das Beste sei.

Also rief ich zwei Kollegen, die in der Nähe waren, schilderte kurz meinen körperlichen Zustand, damit schon mal eine Grundinformation bekannt war und bat den Einen: „Du bleibst bitte bei mir und paßt auf, daß ich nicht vom Stuhl falle und beobachtest meinen Zustand".

Zum Zweiten sagte ich: „Bitte verständige den Notarzt und ruf den Chef zu Hause an und sag ihm Bescheid. So wie es ausschaut, muß ich in die Notaufnahme".

Einen dritten Kollegen, der in der Zwischenzeit aufmerksam geworden war, bat ich meine Frau zu verständigen und ihr zu sagen, daß ich ins Klinikum käme, sie möchte auch hinkommen.

Dann ordnete ich noch meinen ganzen „Kram", fuhr meinen PC runter und dann traf schon der Notarzt, gleichzeitig mit dem Rettungswagen ein.
Eine kurze Begrüßung, man kennt sich ja von einer Unmenge von Einsätzen, eine kurze, intensive Untersuchung, dann wird der Doc ganz ernst. „Schnellstens Notaufnahme, Verdacht Schlaganfall"!

Fahrt in den Black Out

Ich bin schon oft in einem Rettungswagen mitgefahren, der mit voller „Pulle" und „Musik" ins nächste Krankenhaus gerast war. Aber niemals liegend, als Patient. Es war ein ganz eigenartiges Gefühl.
Wenn man mich heute fragt, ob ich Angst gehabt habe, kann ich dies mit gutem Gewissen verneinen. Ich wußte, irgendwas läuft schief, seeeehr schief, es war mir klar, daß es jetzt eine existenzielle Frage war.

Aber ich wußte 1000 prozentig, mein Leben liegt in der Hand Gottes, ich bin gut aufgehoben und ER hat alles unter Kontrolle. Wie immer es ausgeht.
Entweder es wird wieder oder ich gehe zu Jesus und sehe IHN von Angesicht zu Angesicht. Das Ziel meines Lebens wäre erreicht.
Deswegen konnte sich keine Angst breitmachen.

Aber eigentlich wollte ich noch nicht, ich hatte noch so viel vor, meine Ziele und Visionen für mein Leben waren noch nicht alle erreicht. Aber ich wußte in dem Moment, es lag nicht mehr in meiner Hand.

Als ich so auf der Trage lag und im Eiltempo durch die Flure Richtung Untersuchung gebracht wurde, betete ich noch: „Herr Jesus, in Deinen Händen ist mein Leben!"

Damit hatte ich alles getan, was ich im Moment konnte.

Und dann war plötzlich alles schwarz, ich war weggetreten, es wurde Nacht. Stockfinstere Nacht. Übergangslos. Von einer Sekunde zur Anderen. So etwas kannte ich nicht. Keine Einschlafphase, kein wegdämmern, einfach Schalter umgelegt und weg.

Alles weitere was ich schildere, weiß ich von Andra, meiner Frau.
Sie war von der Streife zu Hause aufgesucht und informiert worden. Die Kollegen hatten sie gleich mitgenommen, weil sie nicht wollten, daß sie in diesem Ausnahmezustand selbst Auto fährt.

Bevor sie losfuhren, sagte Andra zu ihnen: „Moment noch, ich muß nochmal telefonieren." Dann rief sie einen Freund aus der Gemeinde an, der mit uns in der Leiterschaft ist.
„Bitte betet, Günther ist im Krankenhaus, es scheint was ernstes zu sein, mehr weiß ich auch noch nicht."

Dann fuhren sie los, Andra hinten im Streifenwagen. Was wird sie erwarten? War der Abschiedskuß nach dem Frühstück und vor seinem Dienst der letzte Kuß in ihrem Leben, den sie von ihrem Mann bekommen hatte? Es war gerade mal ungefähr drei Stunden her.

Der Freund aus der Gemeinde aktivierte unsere sogenannte „Gebetskette", das heißt er rief jemanden anderen aus der Leiterschaft an und gab die Information und den Aufruf zum Gebet weiter. So zog es sich dann durch die ganze Leiterschaft, weiter zu den Gemeindemitgliedern, die Zahl der Beter wurde immer größer, die Kreise zogen sich immer weiter.

Ich kürze die weitere Beschreibung ab, um nicht zu sehr ins Detail zu gehen. Andra war die ganze Zeit über bei mir, ich merkte es nicht mehr. Sie besprach sich mit den Ärzten, stimmte Maßnahmen zu oder lehnte ab. Zum Glück hatten wir diesbezüglich vorgesorgt. Sie war in dieser Zeit ruhig, konzentriert, der Friede Gottes umgab sie.
Klar war sie angespannt, aber nicht depressiv oder hysterisch.

Die Ärzte, die das CT gemacht hatten, kamen zu der einstimmigen Diagnose:

> starke Hirnblutung, mitten im Gehirn;
> im Zentrum von Sprache,
> Erinnerung, Planungsvermögen
> Koordination

Operativ wäre nichts zu machen, weil man dabei wichtige und relativ große Teile vom Gehirn irreparabel beschädigen müßte.
Dies hätte zur Folge gehabt, daß man vielleicht die Blutung hätte stillen können, aber danach wäre ich 100 prozentig ein Schwerstpflegefall gewesen.

Sie sagten, man solle der Natur ihren Lauf lassen, spätestens in zwei Tagen wäre ich tot. Die Blutung würde infolge der Stärke nicht mehr von alleine stoppen.
Die Ärzte waren ehrlich, direkt und weckten keine falschen Hoffnungen.

Aber sie rechneten nicht mit dem Gebet von Menschen, die Gott und seine Natur kennen und lieben. Die schon so oft erlebt hatten, daß vertrauensvolles Gebet Wunder freisetzt.

Und die Gebete wurden erhört!

Das erste Wunder Gottes wurde sichtbar!

Sehr zur Verwunderung der Ärzte und des Personals stoppte plötzlich die Blutung. Es war für sie nicht erklärbar und medizinisch unmöglich. Sie hatten so etwas in ihrer langen, fachspezifischen Richtung noch nicht erlebt. Die hartgesottenen Kämpfer für das Leben, die, die jeden Tag erneut gegen den Tod antraten und dabei oft genug verloren, wurden von Gott völlig überrascht.

Die eine Schwester sagte, sie wäre Atheist, aber das was hier geschehen würde, wäre nun wohl doch ein Wunder.

Zur Entlastung des Körpers legten sie mich in ein künstliches Koma und kühlten den Körper herunter.
(Wer mich kennt, weiß, daß ich es immer ein wenig kühler vertragen konnte, Kälte machte mir noch nie was aus)

So lag ich ungefähr 10 Tage. Ich hatte keine Nahtoderfahrung, keine Lichtgestalten oder ähnliches. Es war einfach alles nur schwarz und ruhig.

Ich hatte Träume und Wahrnehmungen, aber zu welchem Zeitpunkt sie anfingen, weiß ich nicht. War es im Koma oder in der zwischenzeitlich eingeleiteten Aufwachphase.

Auf jeden Fall war es mehr als real, eine Berührung mit der unsichtbaren Welt, teilweise krass, sehr krass. Erfolgreiche Konfrontationen mit geistlichen Mächten und so einiges mehr. Ich habe mich entschieden, nicht darüber zu reden.

In der Aufwachphase erklärten die Ärzte, daß sich Andra keine zu großen Hoffnungen machen dürfe, durch die Blutung sei eine Menge Blut ausgetreten und nun wäre an der Stelle im Gehirn ein großer Bluterguß, der das umliegende Gewebe abdrückt. Eine Drainage zur Ableitung oder Absaugung des Blutes war ja aus den geschilderten Gründen nicht möglich.

Andra gab auch diese Information an die Geschwister in der Gemeinde weiter, die wiederum beteten. Mittlerweile beteten auch unsere Freunde und Geschwister in Deutschland, Europa, Südamerika, USA und Indien für uns. Die Infos und Bitte um Gebet hatte sie erreicht. Das Internet ist doch zu was gut.

Und das zweite Wunder geschah!

Ich wachte auf, zwar noch ganz schön schummrig und immer wieder einschlafend, aber meine Sprache war vollständig da, meine Fremdsprachen, mein komplettes Erinnerungs- und Erkennungsvermögen, Planungsfähigkeit und so weiter.

Du kannst Dir vorstellen, was das für ein Jubel und Dank bei den Freunden war. Bei Andra und mir. Dem Tod von der Schippe genommen worden durch meinen geliebten Herrn Jesus.

Andra hatte in der Zeit des Betens und Wartens ein Bild von Gott in ihrem Geist geschenkt bekommen. Sie hatte Gottes starke Hand über meinem Kopf gesehen und wußte ab diesem Moment: Gott kümmert sich drum und Günther ist geborgen bei seinem himmlischen Vater! Das machte sie ruhig und hatte trotz der anstrengenden, turbulenten Zeit den Frieden Gottes in ihrem Herzen

Aber es gab trotzdem ein Problem.

Ich war an meiner rechten Körperseite gelähmt.

Der Arm war total kraftlos und nutzlos, ich konnte nicht stehen und lag entweder im Bett oder saß im Rollstuhl. Die gesamte Muskulatur der rechten Seite war in Mitleidenschaft gezogen worden. Ein teilweises taubes Gefühl, so als hätte man eine Betäubungsspritze bekommen, die jetzt in ihrer Wirkung nachläßt. Aber halt nicht ganz. Das Gehirn hatte die Nervenbahnen abgemeldet und aus dem Programm gelöscht.

Na bravo – das waren nicht so gute Aussichten, aber ich war am Leben! Und dafür war ich Gott unendlich dankbar.

Ich war kurz davor gewesen, zu sterben und mein Leben hier schlagartig zu beenden und in der Ewigkeit bei Jesus zu sein.
Ich hatte keine Angst gehabt, ich hatte und habe die absolute Gewißheit, daß ich errettet bin und in Ewigkeit mit Jesus leben werde.
Gott ist der Herr über Leben und Tod und meine Zeit steht in Seinen Händen. Und ich freue mich darauf, daß es eines Tages auch so weit sein wird.

Nicht aufgeben

Aber ich lebe auch gerne! Und ich war ehrlich gesagt auch noch nicht wirklich fertig damit.
In der REHA kam eine Psychologin zu mir und wir redeten über alle möglichen Sachen. Unter anderem fragte sie mich, ob ich Suicidgedanken gehabt hätte oder habe. (Später erfuhr ich, daß das wohl gar nicht so selten vorkäme in diesem Zustand, weil viele Menschen keine Perspektive mehr sehen.)

Ja woher! Im Gegenteil! Ich und Suicid!
Da lachen ja die Hühner!

Ich war und bin hochmotiviert und lebensfreudig! Gott hatte mir noch Zeit hier geschenkt, damit ich sie nutze. ER hatte mir / uns in den letzten Jahren gezeigt, was ER noch mit uns zusammen tun möchte. Und bis zu diesem Zeitpunkt hatten wir gerade angefangen, diese Wege zu entdecken und zu gehen.

Aber zwischen diesem Aufbruch und meiner Situation stand erst einmal ein Rollstuhl.

Ich war wieder in einer Situation, wo es drum ging eine knifflige Situation zu meistern und siegreich zu bewältigen.
Ich mußte anfangen zu überwinden.

Über Nacht hatte sich fast alles geändert. Was vorher so wichtig erschien, war es jetzt nicht mehr. Die Planungen des Jahres mußten alle gecancelt werden.
Eine Woche später wären wir zum Skifahren gefahren und um auch in Österreich ein Heilungsseminar zu halten. Im April/Mai unsere jährliche Missionsreise nach Argentinien und Brasilien. Die Flüge, Hotels, Mietwagen, alles hatten wir schon gebucht und bezahlt. Die Gottesdienste mit den befreundeten Gemeinden dort waren terminiert und und und. Alles gestrichen!

Ich bedankte mich jeden Tag bei Jesus für mein Leben und konzentrierte mich auf die REHA. An der Stelle ein dickes Dankeschön für professionelle Hilfe und viel Freundlichkeit, die ich erfahren habe. Gott segne Euch dafür.

Und es geschahen weitere Wunder. Ich durfte aus der Früh-REHA zu einem Gottesdienst bei uns, nur für ein paar Stunden, aber immerhin. Ein befreundetes Pastorenehepaar aus Österreich waren bei uns in der Gemeinde zu Gast und bei einer dieser Veranstaltungen konnte ich dabei sein.
Welcome back at spiritual life.

Gefällt mir!

Sie beteten für mich und was gerade noch nicht ging, ging plötzlich. Das obere Daumenglied meiner rechten Hand bewegte sich und zwar mit Absicht. Ich konnte es steuern, obwohl die Nerven laut Arzt nicht aktiv waren.
Ich weinte vor Glück, weil ich es auch als Fingerzeig Gottes sah, daß ER angefangen hatte, mich vorwärts zu bringen.

Daumen hoch! I like it! Gefällt mir!
Gott hat einen fantastischen Humor, daß er ausgerechnet mit dem Daumen anfing.

Zurück in die REHA und am nächsten Tag kam die Therapeutin und fragte, wie mein Wochenende war. Wortlos hielt ich ihr meinen Daumen entgegen und bewegte ihn.
Es dauerte einen Moment, dann schrie sie auf. „Unmöglich, das ist nicht zu fassen, das gibt's nicht, der Daumen kann sich nicht bewegen". Sie sprang auf, rannte durch die Station und trommelte Schwestern, Pfleger, weitere Therapeuten und jeden den sie kriegen konnte, zusammen.

Wie bei einer Zirkusvorführung mußte ich die kleine Bewegung immer wieder vormachen, Daumenglied bewegen, bewegen, bewegen. Sie applaudierten, brachten ihr Staunen und teilweise Fassungslosigkeit zum Ausdruck und fragten, wie das denn gekommen sei.

Es war für mich eine super Gelegenheit, mit ihnen immer wieder über Jesus zu reden.

Ich wußte, daß ich wieder anfangen mußte, die Dinge zu tun, die Gott mir anvertraut hatte und die ich konnte.
Predigen und für Menschen beten.

Und Jesus war an meiner Seite.

Im Rollstuhl sitzend, legte ich meine gesunde Hand auf Menschen und sie wurden gesund. Menschen wurden durch die Predigt berührt und verändert. Wow – wer hätte das gedacht.

In meinem Kopf spielten sich wieder die Streitgedanken ab. „Du spinnst doch! Schau Dich doch selber an, Du bist ein Krüppel und willst für andere Leute beten?"

So ging das immer weiter. Stück für Stück eroberte ich von meinem geistlichen Dienst zurück. Vorwärts, nicht aufgeben.

Die REHA heute ist immer noch intensiv und total anstrengend. Manchmal komm ich nach Hause und falle mitten am Tag völlig ausgepowert ins Bett und schlafe ein paar Stunden wie ein Toter. (Gott sei Dank nur so eine Redensart.)

Ich bin noch ganz schön gehandicapt, an meinen Polizeidienst ist noch nicht zu denken, aber eines Tages werde ich wieder fit sein, vielleicht wieder in die Arbeit können, wieder selbstständig essen, duschen und die anderen Dinge des Lebens tun können. Momentan braucht es Zeit, Geduld und Durchhalten.

Gott wird mir helfen, daß ist so sicher wie das Amen in der Kirche.
(**Anmerkung**: September 2016: Nach 7-wöchiger Wiedereingliederung, bin ich ab Ende August wieder im Voll-Dienst. Innendienst - aber wieder voll an Bord!
Hallelujah – Alle Ehre sei Jesus – Es ist super! Danke Jesus!)

Denn ich bin gewiss, daß weder Tod noch Leben,
weder Engel noch Mächte noch Gewalten,
weder Gegenwärtiges noch Zukünftiges,
weder Hohes noch Tiefes
*noch eine andere Kreatur uns **(MICH)** scheiden kann*
von der Liebe Gottes, die in Christus Jesus ist,
*unserm **(MEINEM)** Herrn.*
Römer 8 / 38 - 39

Ein Wallfahrtslied.
" Ich hebe meine Augen auf zu den Bergen.
Woher kommt mir Hilfe?
Meine Hilfe kommt vom HERRN,
der Himmel und Erde gemacht hat.
Psalm 121 / 1 – 2

Das Leben ist kein Spiel

Du fragst Dich vielleicht, warum um alles in der Welt erzählt er denn jetzt das. Das widerspricht doch total dem, was er da in dem Buch beschrieben hat. Von wegen „Gott ist gut" und so.

Aber es gehört einfach dazu. Ich wäre nicht ehrlich, wenn ich das unterschlagen würde. Macht ja auch keinen Sinn.
Im Gegenteil, es zeigt meines Erachtens, daß alles so ist, wie ich es beschrieben habe. Daß es Hoffnung gibt, daß Gott eingreift und immer noch gut ist, auch wenn ich manches momentan nicht verstehe und erklären kann.

Wenn alles im Leben flutschen würde, nie Schwierigkeiten und Probleme, keine Herausforderungen, egal welcher Dimension, dann könnten wir nicht zeigen, an was wir glauben und was in uns steckt.

Es gäbe zum Beispiel keine Erfindungen.
Denken wir an Edison, den genialen Typen. Das Licht ging zuerst in seinem Kopf an, dann veränderte sich der verrückte Gedanke in eine konkrete Vision und klare Vorstellung. Aber dann ging die Arbeit erst richtig los. Experimentieren, testen, Rückschläge verdauen, wieder anfangen und wieder von vorne.
Er gab nicht auf und es brauchte angeblich mehr als 1000 Versuche, bis die Funzel funktionierte. 1879 meldete er dann sein Patent an. Geschafft – er hatte das Problem überwunden und gesiegt.

Noch heute hängt eine Glühlampe von ihm in der Feuerwache 6, des Städtchens Livermore in Californien/USA, in der Nähe von San Francisco. Und die brennt seit 1901 (!) ununterbrochen. Zum Beweis ist mittlerweile eine webcam live darauf gerichtet.

Stell Dir vor, Edison hätte nach dem 999. Versuch aufgegeben. Ich meine, das hätte er gekonnt, er wußte ja zu dem Zeitpunkt nicht, wie kurz er davor stand die Erfindung hinzukriegen.

So ist es auch in vielen anderen Bereichen des Lebens.
Es geschehen Dinge, die uns herausfordern, belasten, ärgern und wo wir nicht wissen, warum sie geschehen.

Auch in der Bibel finden wir genügend Hinweise, daß uns manchmal große Nöte treffen. Zu allen Zeiten, alle Menschen. Den Unterschied macht nur der Umgang damit.

Martin Luther hat den Psalm 46 überschrieben mit:

Eine feste Burg ist unser Gott!

Es gibt nichts stärkeres, sichereres und beständigeres als den Gott der Bibel, den Vater unseres Herrn Jesus Christus und die wunderbare Kraft seines Heiligen Geistes. Lies selbst!

Gott ist unsre Zuversicht und Stärke,
eine Hilfe in den großen Nöten,
die uns getroffen haben.
Darum fürchten wir uns nicht,
wenngleich die Welt unterginge
und die Berge mitten ins Meer sänken,
wenngleich das Meer wütete und wallte
und von seinem Ungestüm die Berge einfielen.
Psalm 46 / 2

Und der gilt auch für mich und Dich!

Ich habe in meinen mehr als 30 Jahren Polizeidienst auf der Straße unzählige Male erlebt, wie Menschen damit umgehen. Die Flucht in Alkohol, Drogen, Exzesse, Adrenalin bis hin zum Selbstmord. Weil sie keinen Halt hatten, keinen der ihnen wirklich helfen konnte und offenbar keinen hatten, der ihnen von Jesus erzählt hatte. Oder sie wollten es nicht hören oder glauben. Welch eine Dramatik.

Gott hat Seine Berufung für mein Leben nicht geändert, nicht widerrufen oder auf Eis gelegt, nur weil ich im Moment ziemlich flügellahm bin. Meine Gehversuche doch ziemlich an die Augsburger Puppenkiste erinnern.
Was soll`s – es geht weiter mit Jesus.

Ich will es scherzhaft mit einem Auto vergleichen, das auf der rechten Seite einen Unfall hatte. Plattfuß und Delle im Kotflügel! Und dennoch bleibt es ein Auto mit seiner Bestimmung als Auto.

Es bleibt dabei – Gott ist gut!

Ich möchte es zum Schluß nochmal klarstellen, aus tiefster Überzeugung, mit meinen ganzen Herzen:

- Gott ist gut!
- Jesus liebt mich unendlich!
- ER macht mich nicht krank!
- Es war und ist keine Lektion Gottes!
- Gott will nur mein Bestes!
- Auf IHN ist immer Verlaß
- Mein Leben gehört IHM für immer!

Wir können IHM unser Leben mit all seinen Nöten und Herausforderungen, aber auch das, was uns freut und begeistert, anvertrauen.

Ich hoffe, das Buch hat Dich begeistert und motiviert, in Deinem Leben zu neuen Dimensionen und Erfahrungen mit Gott aufzubrechen oder Jesus in Dein Leben einzuladen.

Schreibe mit an dem Fortsetzungskapitel der

Apostelgeschichte 29!

Dein persönliches Kapitel. Es wird das Kapitel sein, das unsere Welt vor der Wiederkunft Jesu noch einmal verändern wird. Millionen Menschen weltweit werden zu Jesus kommen, heil und gesund werden, ihr Leben ändern, der Islam wird seine Kraft verlieren, weil die Kraft Jesu wieder sichtbar wird. Er hat Jesus nichts entgegenzusetzen. Heute kommen mehr Muslime zum Glauben an Jesus, als in den letzten 1400 Jahren zusammen! Die Christen werden wieder mit einer Selbstverständlichkeit die Übernatürlichkeit Gottes kennen, schätzen und in dieser Welt einsetzen. Sie werden Zeichen und Wunder tun, von denen die Nachrichten voll sein werden.

Manche Kirchen und Gemeinden werden in der Kraftlosigkeit und Verwässerung ihrer Theologie, Überzeugungen und Erwartungslosigkeit verharren, aber das war auch schon zu Zeiten Jesu so.

Aber die, die sich aufmachen und Jesus folgen, werden Zeichen und Wunder sehen und Jesus erheben. Sie werden nicht alles verstehen oder erklären können, selbst Dinge durchleben und überwinden müssen, aber siegreich sein.
Ich wünsche mir und bete, daß Du dabei bist.

Gott segne Dich

Günther Kunstmann

Nachwort:

Wir werden immer wieder gefragt, wie denn das ist mit der biblischen Heilung; ob man noch zum Arzt darf, oder ob man ein glaubensschwacher Christ wäre, wenn man krank ist.
Will Gott heute noch heilen? Lehrt er uns durch die Krankheit etwas oder verherrlichen wir ihn dadurch?
Die kontroversen Standpunkte zu dieser Thematik innerhalb des christlichen Spektrums sind uns bekannt.

Ich möchte an dieser Stelle ganz kurz auf die wesentlichsten Punkte eingehen; sie geben unsere Erkenntnis wieder und auch die Lehrmeinung unserer Gemeinde, der Jesus Gemeinde Bamberg. Andere mögen es anders sehen – nun gut, ihre Sache, ihr gutes Recht.

Krankheiten können verschiedene Ursachen haben; erblich, selbstverschuldet oder unverschuldet, biologisch oder psychisch, etc., können aber auch dämonischen Ursprungs sein.

Gott ist ein Gott der Liebe und ein guter Vater, der grundsätzlich keine Menschen krank macht. Es ist der erklärte Wille Gottes, daß ER Menschen heilen will und wir im Segen und Gesundheit leben.

Von Jesus wird uns im neuen Testament bezeugt, daß Er alle Kranken geheilt hat, die zu IHM gekommen sind und IHN um Hilfe baten. Jesus war ohne Sünde und hat den absoluten Willen Gottes hier auf der Erde umgesetzt.

Wenn Gott die Menschen krank gemacht hätte, Jesus sie aber wieder gesund, hätte ER gegen den Vater im Himmel gesündigt, weil ER dagegen „gearbeitet" hätte.

Auf weitere theologische Ausführungen dieses weit gefächerten Themas verzichte ich hier, das wäre ein eigenes Lehrthema und würde zu weit führen.

Wie gehen ich und wir als Gemeinde praktisch damit um?

- Wir sehen in der Schulmedizin und den Ärzten keine Konkurrenz oder gar Feinde des Wortes Gottes, sondern eine von Gott gegebene Möglichkeit, Krankheiten zu begegnen und den Menschen Hilfe und Linderung zu bringen, sowie bei der Heilung zu helfen.

- Der Umgang mit sogenannter Alternativmedizin wie Homöopathie und anderen Methoden sehen wir kritisch, da die Ursprünge in anderen Religionen oder Glaubenslehren liegen.

- Der Apostel Lukas war selbst Arzt gewesen und wurde von Jesus in die Nachfolge berufen.

- Wir gehen bei Bedarf ganz normal zum Arzt, zur Vorsorge, zur Behandlung und sehen darin keine glaubensschwache Haltung. Ärztlich verordnete Maßnahmen oder Medikamente werden verantwortungsvoll in Anspruch genommen.

- Selbstverständlich beten wir mit Kranken, im Vertrauen und Glauben auf das Wort Gottes, das uns dieses Gebet als Christen explizit aufträgt (z.B. Markus-Evangelium 16 / 15-20).

- Nach biblischem Vorbild beten wir nicht nur mit den Kranken unter Handauflegung, sondern gebieten auch in der von Jesus übertragenen Vollmacht den Mächten oder der Krankheit, sich dem Namen Jesus zu beugen und zu verschwinden, so wie Jesus es auch gemacht hatte und es viele Bibelstellen dazu gibt.

- Dies geschieht nicht nur bei uns in der Gemeinde, sondern in evangelischen, katholischen und anderen Freikirchen ebenso.

- Heilung kann in verschiedenen Formen geschehen; spontane vollständige Heilung, ein unerwarteter, aber sichtbar beginnender Heilungsprozeß, oder aber augenscheinlich noch gar keine Heilung. Diese Form entmutigt uns nicht, für den Kranken weiter zu beten, wir wissen, daß Gott ihn auf jeden Fall berührt hat und beten auch um Klarheit der Situation und deren Hintergründe.

- Die Frage, ob ein Gemeindemitglied krank ist oder nicht, entscheidet nicht über seinen Glaubenslevel, seine Funktion oder Verantwortung in der Gemeinde.

- Wir ermutigen Menschen, für die wir gebetet haben, auch zum Arzt zu gehen und sich die Heilung bestätigen zu lassen. Keinesfalls raten wir ärztlich verordnete Maßnahmen oder Medikamente einfach aus "Glaubensgründen" wegzulassen. Darüber entscheidet allein der behandelnde Arzt.

- Das Heilungsgebet ist wie alle anderen biblischen Handlungen an und für den Menschen kostenlos.

- Alle Ehre und Dank gehört Jesus und nicht dem, der Hände zum Heilungsgebet aufgelegt hat.